イスラームを知る

14

日本のモスク

滞日ムスリムの社会的活動

Tanada Hirofumi
店田廣文

日本のモスク　滞日ムスリムの社会的活動　目次

監修：NIHU（人間文化研究機構）プログラム　イスラーム地域研究

日本のイスラーム近景

二〇一三年に訪日外国人旅行者が一〇〇〇万人をこえた。増加要因の一つとして、東南アジア諸国に対するビザ発給要件の緩和により、同地域からの訪日外国人が増加したことがあげられる。その結果、都内の観光名所各地でイスラーム教徒(以下、ムスリムとする)の旅行客をみかけるようになった。二〇二〇年の東京オリンピック開催もにらんで「観光立国」を提唱する日本政府は、インドネシアなどに対するビザ免除も予定しており、ムスリム観光客は今後も増加がみこまれる。空港、ショッピングモール、ホテル・旅館などの観光関連産業が、ハラール食(イスラーム法にのっとったムスリム向けの食事)をメニューに加えたり、礼拝施設等の整備をするなど、国内の代表的な観光地が競ってムスリム観光客受け入れの対応を進めている。

一方で、日本におけるイスラーム教(以下、イスラームとする)の現状についてはあまり知られていない。早稲田大学人間科学学術院アジア社会論研究室の調査によれば、国内各地にイスラームの礼拝施設であるモスク(別名マスジド)が次々と設立されており、一九八〇年代末には三つであったモスクは、二〇一四年七月現在では三三都道府県に計八〇カ所と増加している。しかし、このようなイスラームの存在の広がりは、一般の日本人にはあまり実感がないのが現実だろう。しかし、都内には日常的にムスリムがゆきかっている街もある。江戸時代の伊賀組百人鉄砲隊の屋敷があったことにその町名が由来する、東京の新宿区百人町は、国内最大のコリアンタウンとして知られているが、そのコリアンタウンのJR山手線の新大久保駅近くに「イスラム横丁」と呼ばれる一角がある。横丁の中央あたりのビルの上階にはイスラームの小規模礼拝施設があり、複数のハラール・ショップ(イスラーム法にのっとった食品などの販売店)が軒を連ねて営業し、ムスリムの買い物客らで賑わいをみせている。

一体、どのくらいのムスリムが日本に住んでいるのだろうか。今から三〇年前の一九八〇年代半ばには、日本の外国人ムスリム人口は五〇〇〇〜六〇〇〇(全人口の〇・〇〇四%)であった。しかし、同年代後半のバブル経済期以降、外国人労働者としてパキスタン・バングラデシュ・イランなどからムスリムが大量に流入し、「不法残留者」も含めて最盛期の一九九二年頃には、その数が一〇万をこえていた。[1] その後、査証相互免除協定の一時停止が影響して、ムスリム人口は減少したものの、現在は、一〇〇以上の国々から来住した外国人ムスリムは一〇万ほどである。彼らの配偶者である日本人ムスリムやそのほかの日

[1] 田澤拓也『ムスリム・ニッポン』(小学館，1998年，214〜215頁)には，「不法滞在者を含めて20万人とも30万人ともいわれる」とあるが，出入国管理統計や在留外国人統計などの数字からみると，10万をこえているが，20万には届かないであろう。

本人ムスリムはあわせて一万ほどであるので、総計約一一万のムスリムが日本に暮らしていることになる(全人口の〇・〇八%)。

日本に住んでいる外国人ムスリムの多くは「ボーン・ムスリム」といわれる生まれながらのムスリムだが、日本人ムスリムのほとんどは改宗ムスリムである。ムスリムは「イスラームを信仰している」という一点においては共通するものの、宗教的儀礼行為への参加の度合いや言葉、文化や価値観は決して一様ではなく、日常的な生活習慣やライフスタイルも大きく異なる。日本人ムスリムも含め、個人個人のイスラームの信仰実践の様相やイスラーム教義の遵守のあり方も多様である。礼拝や断食に熱心でないムスリムや、ときには酒を飲むムスリムさえ存在する。それらすべてを含め「自分はムスリムである」(イスラームを信仰している)と認識しているムスリムが、日本には約一一万人いるのである。

本書は、「イスラームを知る」というシリーズの趣旨にそって、「日本のモスク」をとおして滞日ムスリムの社会的活動の諸相を理解するための案内を意図し、フィールド調査で収集した滞日ムスリムの語り、イスラーム団体の活動と組織の実態、さまざまな機会に接した彼らの語りを主要な材料として、滞日ムスリムの社会的活動を記述するものである。しかし、日本に暮らすムスリムは国籍や地域・人種・文化社会的背景、また信仰のありさまも大きく異なっている。その意味で、本書は、調査などをつうじて把握できた滞日ムスリムの社会的活動の一端を提示しているにすぎないという限界も有している。

各章では、モスクやムスリムの諸活動の記述をとおして「滞日ムスリム・コミュニティ」を描写する。コミュニティとは、ある一定の地理的範域に居住することによって形成される社会としての共同体であるとするなら、「滞日ムスリム・コミュニティ」とは日本に居住することを契機としてムスリムたちによって形成されたコミュニティである。この場合、地理的範域は日本社会全体を包含するものであると同時に、ある特定の地方自治体あるいは同一地域社会に所属する狭域のコミュニティでもあり、それらを総称して「ムスリム・コミュニティ」ということもある。したがって、本書では日本社会全体という広域のコミュニティと地域社会という狭域のコミュニティを文脈によって使い分けるが、実際に滞日ムスリムの社会的活動そのものは、広域と狭域のコミュニティの両方を対象とする活動である。モスクは、狭域のムスリム・コミュニティにとっては社会的統合の中心であり、広域のムスリム・コミュニティにとっては社会的交流の結節点としてコミュニティ全体を統合する要《かなめ》となりうる団体である。

全体の構成は以下のとおりである。第1章では、世界と日本のムスリム人口の推移を概観したのちに、日本のムスリム人口の諸相を把握することによって滞日ムスリム・コミュニティの人口学的特徴を提示する。第2章では、戦前から現代までのモスク建設をたどり、今後の動向を探る。第3章では、モスクを中心とするムスリムの社会的活動を分野別に詳述し、第4章では、滞日ムスリム・コミュニティの発展と持続可能性に関わる課題を考える。第5章では、前章までの議論をふまえて、日本におけるモスクと滞日ムスリム・コミュニティの将来像について考察する。

第1章　ムスリム人口

世界のムスリム人口の増加

一九〇〇年に一億九九九四万（世界人口の一二・三％）であった世界のムスリム人口は、一九五〇年には三億一五七〇万となり、世界人口の一三・六％となった。その後、世界人口の増加率をはるかにこえる勢いで増加し、二〇〇〇年には一二億七六〇三万（二一・一％）にまで達している。二〇一三年現在、約一六億と世界人口の二三％を占め、その規模・割合とも引き続き増加している。

ムスリムは世界各地に広がっており、地域別のムスリム人口のおよその割合は、イスラームが誕生した西アジアは一三％だが、地理的には日本に近い東・東南アジアが一五％、南アジアや中央アジアがあわせて三八％、北アフリカが一一％、サハラ以南のアフリカが一七％である。ムスリムの多くは、アジア、アフリカ地域に居住しているが、欧米の先進諸国におけるムスリム人口の多さにも留意すべきである。

西欧諸国のムスリム人口の増加は、第二次世界大戦後の復興期やその後の経済成長期に西欧諸国が外国人移民労働者の受け入れを積極的に推進してきたことの影響が大きい。移民の送出国《おくりだしこく》は、西欧諸国と関係が深かった旧植民地の国々が主であり、一九六〇年代頃まで、北アフリカ・南アジアなどから多くの移民が流れこんだ。西欧諸国の移民奨励政策は、一九七〇年代の景気後退によって移民流入制限へと転換したものの、すでに定住していた移民の家族再結合などもあって、ムスリム人口の増加が続いてきた。また近年は南欧諸国へのムスリム移民も増加している。

欧州のOECD（経済協力開発機構）諸国のほとんどではムスリム人口が全人口の一％以上となっており、絶対数もフランス二八〇万、ドイツ三六〇万、イギリス一八〇万、スペインとイタリアはそれぞれ一二〇万人、オランダも約一〇〇万と膨大なムスリム人口をかかえている（二〇一三年現在）。一方、北米のアメリカ・カナダはあわせて五八〇万で、人口に占める比率はそれぞれ二％程度である。オセアニアのオーストラリア・ニュージーランドも人口の一％をこえ

	1900年*	1950年**	2000年***	2013年****
世界のムスリム人口（千人）	199,940	315,700	1,276,030	1,596,347
世界人口（千人）	1,619,626	2,525,779	6,127,700	7,162,119
世界人口にしめる割合（%）	12.3	13.6	21.1	22.3
ムスリム人口増加率（%）	---	0.92	2.83	1.74
世界人口増加率（%）	---	0.89	1.79	1.21

地域	ムスリム人口（千人）	構成比
アフリカ	463,313	29.0%
アジア	1,079,772	67.6%
ヨーロッパ	44,914	2.8%
ラテン・アメリカとカリブ海	2,026	0.1%
北アメリカ	5,824	0.4%
オセアニア	497	0.0%
合計	1,596,347	100.0%

▲世界のムスリム人口推計（上，1900〜2013年）**と地域別ムスリム人口**（下，2013年）

資料：* *World Christian Encyclopedia, 2nd ed.* Oxford University Press, 2001.
** *1951 Britannica Book of the Year,* Encyclopedia Britannica, 1951.
*** 拙稿「イスラーム世界の将来人口」『統計』53巻5号，2002年。
**** 拙稿「世界と日本のムスリム人口　2011年」『人間科学研究』26巻1号（2013年）に準じて推計。
United Nations, *The Determinants and Consequences of Population Trends,* Vol.1, 1973.
United Nations, *World Population Prospects. The 2012 Revision,* 2013.(web ver.)

ており、あわせて四五万程度のムスリム人口を擁している。

世界の政治・経済・社会・文化の多様な領域において、イスラーム社会の比重はますます大きくなってきており、二〇二五年には一九億(世界人口の二四%)、二〇五〇年には二五億(同二六%)となり、世界人口の四分の一以上をムスリムが占めることになるであろう。

近代の滞日ムスリム人口

日本にムスリムという人口集団の存在が確認できるのは十九世紀末から二十世紀にかけてのことである。『日本書紀』などの史料にイスラームに関連した記述があり、その後もイスラームに関する情報がたびたびもたらされていたものの、日本社会とイスラーム社会あるいはムスリムとの直接的な接触や交流が本格的に始まったのは、幕末から明治時代初期にかけてのことである。日本社会と日本人が、この時期に「イスラームに出会い」、明治時代末期から大正時代にかけて「イスラームを知る」という体系的な学びがなされたことについては、本シリーズの第三巻『イスラームを学ぶ』[1]に詳しく紹介されている。

日本人として最初にムスリムとなったのは、野田正太郎といわれ、一八九一(明治二四)年のことである。[2]すでに一九〇〇年頃にはインド系ムスリム商人が神戸などに居住するようになっていたが、[3]その後の日露戦争をへた日本の国際的地位の上昇が、欧州列強の支配

1 本シリーズ第3巻『イスラームを学ぶ』(三浦徹編, 2013年)。
2 三沢伸生・GöknurAKÇADĞ「最初の日本人ムスリム――野田正太郎(1868～1904年)」『日本中東学会年報』23巻1号, 2007年(原著は英文)。
3 福田義昭「神戸モスク建立前史」『日本・イスラーム関係のデータベース構築』(平成17-19年度科学研究費基盤研究(A)研究成果報告書), 2008年, 25～26頁。澤宗則『グローバリゼーション下のディアスポラ――在日インド人のネットワークとコミュニティ』(科学研究費基盤研究(C)研究成果報告書), http://www.lib.kobe-u.ac.jp/repository/kaken/K0001496.pdf(2014年10月2日参照)も参照。

下にあったイスラーム社会の日本に対する関心を喚起した。一九〇九年にはロシア帝国領内出身のタタール人ムスリム、アブデュルレシト・イブラヒムが来日し、大隈重信をはじめ政府要人と会談して、植民地化されていたイスラーム社会の実情を事細かに伝えている。[4] 同年には山岡光太郎が日本人ムスリムとしてはじめてマッカ(メッカ)巡礼をはたし、翌一〇年に早稲田大学講堂でイスラームに関する講演会が開催されるなど、[5] 日本とイスラームとの交流が二十世紀初めに活発となった。

一九二〇年代になると、ロシア革命後に同地を離れたタタール人ムスリムが満州などをへて日本に流入した。彼らは都内に小さなコミュニティを形成し、回教学校も建設した。[6] また、日本の中国大陸進出は、一九三一(昭和六)年の満州事変を契機に国策としての回教政策を生み出すところとなった。[7] 政府や軍部を巻き込んだ大規模な回教研究の組織化も始まり、回教研究と回教工作という二つの性格をあわせもつ大日本回教協会をはじめ、回教圏研究所などが設立されたのである。[8] 日本におけるそのような「イスラム研究の第一のブーム」[9] は国策と密接に関係していたが、滞日ムスリム人口そのものも一九三〇年代後半頃にそのピークを迎え、四〇〇~六〇〇人程度の亡命タタール人、神戸のインド系ムスリム商人、自ら改宗した日本人や国策としての回教政策に関わって改宗した日本人からなる、五〇〇~七〇〇人程度

4 アブデュルレシト・イブラヒム(小松香織・小松久男訳)『ジャポンヤ――イブラヒムの明治日本探訪記』岩波書店，2013年。

5「モハメット教講演」『早稲田學報』183号，1910年。イブラヒムの来校に関する記事は，「露人イブラシム氏の来校」『早稲田學報』169号，1909年。

6 松長昭『在日タタール人――歴史に翻弄されたイスラーム教徒たち』東洋書店，2009年。

7 坂本勉「アブデュルレシト・イブラヒムの再来日と蒙疆政権下のイスラーム政策」坂本勉編著『日中戦争とイスラーム――満蒙・アジア地域における統治・懐柔政策』慶應義塾大学出版会，2008年。

8 店田廣文「戦中期日本における回教研究――『大日本回教協会寄託資料』の分析を中心に」『社会学年誌』47号，2006年。

9 前嶋信次「イスラム研究ブームことはじめ――先次大戦末までの思い出」『日本とアラブ――思い出の記(その1)』日本アラブ関係国際共同研究国内委員会事務局，1980年。

の規模を有していた。

タタール人ムスリムの居住地は、おもに東京・名古屋・神戸・熊本・北海道に分散していたが、種々の資料を参照して概観すると、東京と神戸にそれぞれ一〇〇~二〇〇人、名古屋に五〇人程度、熊本は数家族のみの居住であったようである。北海道の具体的な数は不明である。神戸のインド系ムスリムについては、一〇〇人前後という数字がある。[10] 東京や外地にいるケースが多かった日本人の改宗ムスリムをあわせても、一九三一~四五年の戦中期の滞日ムスリム人口は、多く見積もっても一〇〇〇をこえることはないが、三五年に神戸モスク、三六年に名古屋モスク、三八年に東京回教礼拝堂の三モスクが建設された。

現代の滞日ムスリム人口

戦中期の滞日ムスリム人口の大半を占めていたタタール人ムスリムは、戦後になるとトルコ国籍を取得して多数が出国した。日本のムスリム人口の大半は、戦前・戦中に入信しており、その多くが中国大陸や東南アジア諸国での生活体験を有する日本人ムスリムとわずかの外国人ムスリムとなった。[11] 一九五三(昭和二八)年に日本人ムスリムによって結成された日本ムスリム協会の創立時会員数は、四七人であった。[12] したがって一九五〇年代半ば頃の滞日ムスリムは、日本に残留したタタール人ムスリムを含めても、おそらく数百人程

10 福田義昭「神戸モスク建立前史」(前掲論文), 29頁。
11 樋口美作「日本のイスラーム, 戦後の歩み」『日本に生きるイスラーム——過去・現在・未来』サウジアラビア王国大使館文化部, 2010年, 110頁。
12 1952年に日本ムスリム協会の母体となる「イスラム友の会」が発足した。日本ムスリム協会『創立50周年記念　協会小史』宗教法人日本ムスリム協会, 2004年, 3頁。樋口美作(同上論文, 109頁)には, 65人の会員をもって発足したという記述もある。

度ではなかったかと思われる。一九五六年には、タブリーギー・ジャマーアト（国際的なイスラーム改革復興運動とその布教組織）が布教のためにパキスタンより来日し、その結果日本人改宗者が若干名あったとのことである。[13] また日本ムスリム協会は、一九五七年からエジプトのアズハル大学などイスラーム圏の大学へ留学生を送り出したが、彼らは改宗した日本人ムスリムである。[14] こうしてわずかずつであるが、日本人ムスリムが増加し、一方で日本の国際社会への復帰と経済成長にともなって、日本に在留する外国人ムスリムも少しずつ増えて、一九六一年には外国人ムスリムの留学生による「ムスリム学生協会」が結成されている。[15]

一九六九（昭和四四）年四月時点の在留外国人統計を参照して「主要なイスラーム社会」である国からの在留外国人数を抽出してみると、一九二一人である。このうちインドネシアとマレーシアにはかなりの非ムスリム人口も含まれていると考えられるため、現在の両国のムスリム人口比率を参照して計算すると、両国あわせて約三八〇人が非ムスリムと推計でき、差し引きすれば外国人ムスリム人口は約一五〇〇であったと考えられる。[16] 一九六九年の日本ムスリム協会誌には「日本人ムスリムは約二千人、外国人ムスリムは約千五百人[17]」とあり、外国人ムスリム人口は、一九六〇年代末には約一五〇〇であったとみてまちがいないであろう。日本人ムスリム人口については、この協会誌の数字を採用すれば、当

[13] 布教は，1960年代末まで，山梨・徳島・仙台・東京でもおこなわれた。日本ムスリム協会（前掲書），17～18頁。

[14] その数は2000年初めまでに約70人であった。日本ムスリム協会（同上書），49～53頁。

[15] 樋口美作（前掲論文），112頁。

[16]『在留外国人統計　昭和44年』（法務省，1970年）から「主要なイスラーム社会」を取り出して集計した。「主要なイスラーム社会」とは，2011年時点で，人口規模100万以上，ムスリム人口比率50％以上に該当する国々としている。

[17] 樋口美作（前掲論文），119頁。

時の滞日ムスリム人口の総数は、約三五〇〇ということになる。なお、在留外国人のうち在留資格「永住者」と「日本人の配偶者等」を有するものが一〇〇人強であるから、日本人ムスリム人口のうち、一〇〇人程度は外国人ムスリムの配偶者としての日本人ムスリムの可能性がある。したがって、それ以外の日本人ムスリムは約一九〇〇である。

一九八〇年代半ば以降に、滞日ムスリム人口は激増するが、その直前の状況をふたたび在留外国人統計から「主要なイスラーム社会」である国を抽出して確認してみると、一九八四年末時点では、在留外国人数は六一六一人である。前節と同様にインドネシアとマレーシアの非ムスリム人口を計算すると、約一〇四〇である。差し引きして、外国人ムスリムは約五一〇〇となる。後出する在留資格のところでも詳述するように、日本人の配偶者等および永住者の在留資格をもつ外国人ムスリムが約一〇〇〇人強であることから、外国人ムスリムの配偶者としての日本人ムスリムは最大でも一〇〇〇人程度である。これ以外の日本人ムスリムが一九六九年当時と変わらず約一九〇〇人とすれば、日本人ムスリム人口の合計が約二九〇〇となり、一九八四年末の滞日ムスリム人口全体としては、約八〇〇〇ということになる。

日本社会がバブル経済を謳歌《おうか》した一九八〇年代末頃に、パキスタン・バングラデシュ・イランから外国人ムスリムが労働者として大量に流入し、日本のムスリム人口は急増した。

国名	在留外国人数
アフガニスタン	25
インドネシア	990
イラン	92
イラク	15
ヨルダン	5
クウェート	18
レバノン	25
マレーシア	386
パキスタン	177
サウジアラビア	3
シリア	27
トルコ	112
イエメン	1
アルジェリア	1
リビア	2
モーリタニア	3
ナイジェリア	5
ソマリア	1
スーダン	1
チュニジア	1
アラブ連合(エジプト)	31
合計	1,921
内数：上位6カ国	1,788

▲「主要なイスラーム社会」の在留外国人数(1969年4月時点)

資料：『在留外国人統計　昭和44年』より筆者作成。

国名	在留外国人数
アフガニスタン	106
インドネシア	1,643
イラン	543
イラク	53
ヨルダン	43
クウェート	20
レバノン	45
マレーシア	1,649
パキスタン	660
サウジアラビア	144
シリア	56
トルコ	178
イエメン	6
アルジェリア	55
リビア	63
ナイジェリア	44
ソマリア	2
スーダン	36
チュニジア	19
エジプト	279
バングラデシュ	455
UAE	2
バーレーン	7
オマーン	2
ギニア	6
ガンビア	1
マリ	3
モロッコ	27
ニジェール	1
セネガル	11
ブルキナファソ	1
シェラレオネ	1
合計	6,161
内数：上位6カ国	5,229

▲「主要なイスラーム社会」の在留外国人数(1984年末時点)

資料：『在留外国人統計　昭和60年版』より筆者作成。

一九九〇年代初め頃には「不法残留者」を含め一〇万人をこえる外国人ムスリムが滞日していたと考えられるが、一九八九年から九二年にかけてパキスタン・バングラデシュ・イランに対する査証相互免除協定が一時停止されて、外国人ムスリムの滞日人口は急激に減少する。以後は正規の在留資格を有するムスリムが滞日人口の大部分を占めていくようになる。ちなみに、在留資格を有する外国人ムスリム人口の推移を概算して推計してみると、一九九五年に約三万〜四万、二〇〇〇年に五万〜六万、〇六年に六万〜七万程度であった。[18]

一九九〇年代初頭からは、出入国管理制度の変更にともなって研修や技能実習を目的とする来日が増加し、インドネシアからのムスリムが増加した。農業・漁業・製造業などで実質的に労働者として従事するインドネシア人が増加し、一九九七年以降は連続して滞日ムスリム人口の国籍別では第一位となり、二〇一〇年現在では滞日ムスリム人口の約五分の一を占めている。また日本とインドネシアの経済連携協定締結(二〇〇七年)後は、看護師・介護福祉士候補者としての来日者も増加している。

二〇〇〇年代後半にかけてリーマン・ショックによる変動はあったものの、滞日ムスリム人口の増加が続き、二〇一〇年末現在は約一一万程度となった。[19] その内訳は、外国人ムスリムが約一〇万、日本人ムスリムが約一万である。日本人ムスリムは、自ら改宗した人々と、結婚を契機に改宗した人々に大別される。後者については、在留外国人統計にあ

[18] 推計内容と方法の詳細については，拙稿「世界と日本のムスリム人口　2011年」『人間科学研究』26巻1号(2013年)を参照。

[19] KOJIMAによる推計では，1995年3万人，2000年4万7600人，2004年5万8600人である。KOJIMA Hiroshi “Variation in Demographic Characteristics of Foreign “Muslim” Population in Japan : A Preliminary Estimation”, *The Japanese Journal of Population*, 4-1, 2006, pp.117-119. 桜井は，正規の在留資格を有する外国人ムスリムを4万2104人と推計している(2000年現在)。桜井啓子『日本のムスリム社会』筑摩書房，2003年，35頁。

国名 (ムスリム・マジョリティ社会＊)	地域	外国人ムスリム人口	外国人ムスリムの日本人配偶者ムスリム
ソマリア	東アフリカ	3	0
エリトリア		8	1
チャド	中部アフリカ	2	0
アルジェリア	北アフリカ	155	20
モロッコ		374	99
チュニジア		340	42
リビア		73	4
エジプト		1,344	65
スーダン		146	6
モーリタニア	西アフリカ	11	0
ガンビア		23	3
セネガル		301	78
マリ		117	27
ニジェール		10	6
ギニア		223	64
シェラレオネ		35	4
ブルキナファソ		17	8
ナイジェリア		1,378	302
アフガニスタン	南部中央アジア	1,137	31
イラン		4,754	440
パキスタン		9,897	699
バングラデシュ		8,985	345
ウズベキスタン		634	43
トルクメニスタン		24	1
タジキスタン		53	2
キルギスタン		134	14
インドネシア	東南アジア	19,169	1,819
マレーシア		5,052	314
バーレーン	西アジア	18	0
イエメン		52	3
トルコ		2,483	407
パレスチナ		62	6
イラク		90	6
サウジアラビア		628	6
ヨルダン		174	17
アラブ首長国連邦		40	1
カタール		12	1
アゼルバイジャン		48	3
オマーン		20	2
シリア		162	17
クウェート		23	2
レバノン		54	8
アルバニア	南ヨーロッパ	45	10
コソボ		4	2
小計(ムスリム・マジョリティ社会のみ)		58,310	4,924
合計(その他の国を含む)		91,744	8,939
不法残留の外国人ムスリム			2,362
その他の日本人ムスリム			2,250
滞日ムスリム推計人口の合計			105,295

▲日本のムスリム人口推計(2010年末)〔単位：人〕

(注)＊ムスリム・マジョリティ社会とは，人口100万以上，ムスリム人口比率50%以上の国。
『在留外国人統計』第1表をもとに推計した人口。原資料の誤植も修正した。
資料：拙稿「世界と日本のムスリム人口　2011年」『人間科学研究』(再掲)より作成。

る「日本人の配偶者等」という在留資格をもつ外国人数から国別に推計すると、結婚によって改宗した日本人ムスリムは約九〇〇〇人となる。自ら改宗した日本人ムスリムは二〇〇〇人強である。

その後、在留外国人は、東日本大震災などの影響により二〇一二年末まで減少する。二〇一三年末になって若干増加に転じたが、二〇一〇年末の水準にまでは戻っていない。滞日ムスリム人口にも影響がおよんでおり、二〇一二年までの推計ムスリム人口は若干減少している。しかし、現在の滞日ムスリム人口が一一万程度であるという推計を変更するほどの変化ではない[20](各年の『在留外国人統計』第一表を参照)。

現代滞日ムスリム人口の諸相

二〇一〇年末現在の滞日ムスリムの国籍分布は、インドネシア人が二万、パキスタン人一万、バングラデシュ人九〇〇〇、マレーシア人とイラン人が各五〇〇〇、アラブ人四〇〇〇[21]、トルコ人二五〇〇、日本人一万である。一五頁の表に示した四四カ国は、ムスリム人口比率が五〇%をこえ、人口規模も一〇〇万以上の「ムスリム・マジョリティ社会」と呼べる国々である。これらの国々からの外国人ムスリムがおよそ六万人である。その他、外国人ムスリムの出身国は六〇カ国ほどあり、全部で一〇〇カ国以上の国々から日本にム

20 外国人ムスリムで永住者の在留資格を有する者のなかには，日本人配偶者をもつ者がほぼ確実に存在する。ただし，その割合は明らかにされていないため，この推計では永住ムスリムの配偶者である日本人ムスリムの数は考慮していない。永住者の規模は約2万人前後であるから，これに対応する配偶者としての日本人ムスリムを仮に1万～2万人程度とすれば，滞日ムスリムの推計人口は，外国人ムスリム10万，日本人ムスリム2万～3万，あわせて12万～13万という推計も考えられる。

21 西アジアと北アフリカの主要なアラブ諸国，エジプト，サウジアラビアなど18カ国を合計した人口概数である。

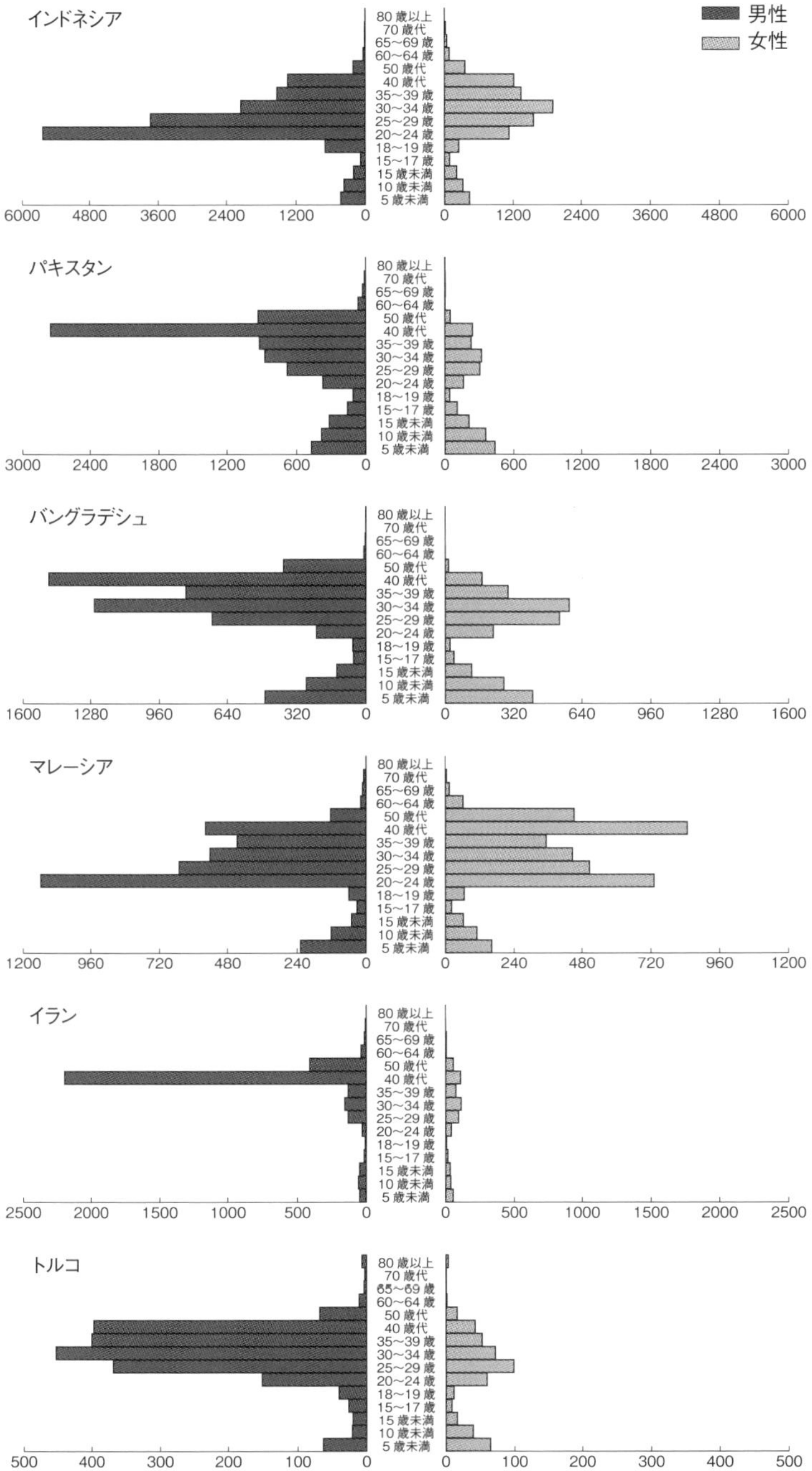

▲外国人ムスリム出身国上位6カ国の人口ピラミッド

資料：『在留外国人統計　平成25年版』より筆者作成。

スリムが来日していると考えられる。

外国人ムスリムの主要な出身国は、四〇年前からあまり変化がない。一九六九年四月時点の上位六カ国の国別人口を確認すると、順にインドネシア、マレーシア、パキスタン、トルコ、イラン、アラブ連合(現在のエジプト)、一九八四年末は順にマレーシア、インドネシア、パキスタン、イラン、バングラデシュ[22]、エジプト(トルコは七位)であり、二〇一〇年末現在と順位は異なるものの上位国の構成に大きな違いはない。現在の日本のムスリム・コミュニティを構成する主要な外国人ムスリムは、これらの国々から比較的早期に来日したオールドカマーと一九八〇年代後半以降のニューカマーが含まれていると思われる。

二〇一〇年以降の上位六カ国(インドネシア・パキスタン・バングラデシュ・マレーシア・イラン・トルコ)に絞って、性別と年齢別の基本的人口構造を男女の五歳階級別人口で集計してみると、以下のような国ごとの特徴がみられる(二〇一二年末現在)。インドネシアとマレーシアは、二〇歳代の若者が四~五割を占めているが、イランは四〇歳代が六割、パキスタンは三割、五〇歳代まで加えると、イランは七割、パキスタンも四割に達して、中高年層が多数を占めている。マレーシア・バングラデシュ・トルコ・インドネシアの四〇~五〇歳代の割合は、順に二・五割から一割までとばらつきがある。

男女の人口数の割合には国別に顕著な違いがある。マレーシアとインドネシアでは、四

[22] バングラデシュがパキスタンから独立したのは，1971年である。

〇～五〇歳代の年齢層では男性よりも女性の人口数が多く、女性全体に占めるこの年齢層の割合も相対的に高めである。他方で、バングラデシュ・パキスタン・イランでは、四〇歳代の男性の人口数が圧倒的に多く、とくにイランでは男性全体に占めるこの年齢層の割合もかなり高めである。一七頁の人口ピラミッドを参照すれば明らかなように、六カ国それぞれの基本的構造の特徴としては、インドネシアとマレーシアは若年層が多く、イランとパキスタンは中高年層が多い。女性の割合はインドネシアとマレーシアで高いことが指摘できる。これらの特徴は、滞日年数の違いや、後述する在留資格の違いなどによって左右されているものと考えられる。

ついで、二〇一二年末現在の在留外国人の居住地分布を同じく上位六カ国について確認してみると、六カ国全体では、一都六県からなる関東地方に五三％、愛知・岐阜・三重・静岡の四県に一七％、京都・大阪・兵庫・奈良の関西二府二県に八％となり、三大都市圏とその周辺におよそ四分の三が居住している。ただし、インドネシアは三大都市圏とその周辺の居住者の割合は七割未満ともっとも少なく、相対的に全国に分散して居住している。バングラデシュ・イラン・パキスタン・トルコは、ほぼ八～九割は三大都市圏とその周辺に居住し、地方の居住者が相対的に少ない。マレーシアは三大都市圏とその周辺の居住者の割合は七六％で、地方の居住者が若干多い傾向がある。また、パキスタン人が富山・新潟両県に若干多く居住していることがうかがえる。したがって、在留資格や出身国による居住地の差異は多少あるものと思われるが、三大都市圏とその周辺を中心として居住しているという動向は二〇〇〇年代初めと変わっていない[23]。

滞日ムスリム人口の在留資格については、一九六九年と八四年の「主要なイスラーム社会」の外国人の在留資格を比較してみると、その推移の状況が把握できる。「主要なイスラーム社会」の外国人の総数は、一九二一人から六一六一人と三倍以上に増加しているが、それぞれの在留資格を有する外国人数とその割合は、かなり変化している。留学(短期大学以上の在学生)については、四九四人から一一九六人と倍増しているが、割合は二六%から一九%に減少している。一九八四年の就学(各種学校生徒)という在留資格を有する外国人数を含めても二三%で、学生・生徒の割合は六九年から減少している。永住資格を有する外国人数は五倍近くに増加しているが、割合はほぼ同じで三〜四%である。しかし、日本人の配偶者等の資格については人数が一〇倍に増加したことに加えて、在留資格全体に占める割合が、四%から一四%へと大きく上昇し、永住と日本人の配偶者等をあわせた割合をみても、両年のあいだに、七%から一八%へと大きくはねあがった。

さらに、「新たな在留管理制度[24]」が始まった二〇一二年末現在の状況について、上記の二つの時点とも比べながら検討するため、上位六カ国について、活動(仕事)に制限のある在

[23] 桜井啓子『日本のムスリム社会』(前掲書)，44〜45頁。
[24] 2009年に出入国管理などに関わる改正法が公布され，在留資格の変更や外国人登録の廃止，在留カードの交付など「新たな在留管理制度」が2012年までにスタートしている。

	総数	男性	女性	在留資格 短期滞在	商用	その他の資格	留学	被扶養者	永住	日本人の配偶者等	特定の在留資格	未取得者ほか
合計	1,921	1,334	587	58	49	19	494	108	53	79	1,023	38
構成比	100%	69%	31%	3%	3%	1%	26%	6%	3%	4%	53%	2%

▲「主要なイスラーム社会」の在留資格別外国人数（1969年4月時点）

資料：『在留外国人統計　昭和44年』をもとに筆者作成。

	総数	男性	女性	在留資格 短期滞在	商用	その他の資格	日本人の配偶者等	永住	留学	研修	被扶養者	特定の在留資格	(内数、就学)	(内数：留学と就学)	未取得者ほか
合計	6,161	4,022	2,139	390	186	69	855	249	1,195	840	877	1,475	237	1,432	22
構成比	100%	65%	35%	6%	3%	1%	14%	4%	19%	14%	14%	24%	4%	23%	0%

▲「主要なイスラーム社会」の在留資格別外国人数（1984年末時点）

資料：『在留外国人統計　昭和60年版』より筆者作成。

国名	総数	投資経営	技術	人文知識・国際業務	企業内転勤	技能	技能実習	留学	研修	家族滞在	永住者	日本人配偶者	永住者配偶者	定住者	特別永住者	小計
バングラデシュ	8,622	181	515	605	10	279	36	1,068	10	2,124	2,340	382	166	335	-	
小計						1,590	36		1,078	2,124					3,223	8,051
%						18.4	0.4		12.5	24.6	27.1	4.4			37.4	93.4
インドネシア	25,530	23	662	327	313	177	9,098	2,917	141	2022	4,743	2,216	161	1,714	8	
小計						1,502	9,098		3,058	2,022					8,842	25,097
%						5.9	35.6		12.0	7.9	18.6	8.7			34.6	98.3
イラン	3,996	38	37	39	6	51	0	227	1	277	2,531	357	103	205	9	
小計						171	0		228	277					3,205	3,881
%						4.3	0		5.7	6.9	63.3	8.9			80.2	97.1
マレーシア	7,848	59	669	355	180	40	39	2,483	52	912	2,181	548	35	130	10	
小計						1,303	39		2,535	912					2,904	7,693
%						16.6	0.5		32.3	11.6	27.8	7			37.0	98.0
パキスタン	10,597	732	61	1,251	63	166	0	215	11	1,998	3,774	715	405	776	3	
小計						2,273	0		226	1,998					5,673	10,170
%						21.4	0		2.1	18.9	35.6	6.7			53.5	96.0
トルコ	2,528	27	33	78	33	119	0	177	6	202	695	462	86	105	-	
小計						290	0		183	202					1,348	2,023
%						11.5	0		7.2	8.0	27.5	18.3			53.3	80.0
6カ国の合計	59,121					7,129	9,173	7,087	221	7,535					25,195	56,915
構成比	100%					12%	16%	12%	0%	13%					43%	96%
その他のムスリム・マジョリティ社会	10,195	226	155	840	65	24	0	1,972	38	2,029	2,618	1,330	110	247	22	9,676
小計						1310	0		2,010	2029					4,327	9676
構成比	100%					13%	0%		20%	20%					42%	95%
合計	69,316					8,439	9,173		9,318	9,564					29,522	66,591
構成比	100%					12%	13%		13%	14%					43%	96%

▲上位6カ国とその他のムスリム・マジョリティ社会（2012年末現在の在留資格別外国人数）

資料：『在留外国人統計　平成25年版』より筆者作成。

(注)インドネシアの小計には，「EPA対象者およびその家族」(566人＋9人)を含む。技能実習は，1号と2号の合計数。

留資格のうち、投資経営、技術、人文知識・国際業務、技能、技能実習、留学、研修、家族滞在、活動に制限のない身分または地位による在留資格のすべて（永住者・日本人の配偶者等・永住者の配偶者等・定住者）と終戦以前から在留する特別永住者を取り上げてみる（二〇一二年末現在）。これら在留資格をもつ人数を合計すると、トルコを除く五カ国については国別人口総数のそれぞれ九三〜九八％を占めていることから国別の在留資格の状況はほぼこれで把握可能である。トルコについては八〇％となり、上記以外の在留資格が、ある程度の人数を占めているが、そのほかの「ムスリム・マジョリティ社会」を加えた合計については、九六パーセントを占めており、外国人の在留状況の全体像はほぼ把握できる。

永住者・日本人の配偶者等・永住者の配偶者等・定住者・特別永住者をあわせた在留資格（以下、永住者等の在留資格とする）を有する者は六カ国全体で四割強となっており、とくにイランで八割をこえている。ついで、パキスタンとトルコが五割強、バングラデシュ・マレーシア・インドネシアは三〜四割程度である。そのほかの「ムスリム・マジョリティ社会」を加えた合計でも、永住者等の在留資格を有する外国人は四割強であり、これらの人々がムスリム・コミュニティの中核を担っていると考えられる。日本人の配偶者等と永住者が二割弱であった一九八四年時点から、長期にわたり滞日していると考えられる外国人の割合は倍増したのである。[25]

[25] 注20でもふれたが，在留資格の永住には，日本人の配偶者等から永住申請をしたものも含まれていると考えられる。その割合は公表された資料からは不明である。

在留活動が限定されている資格のなかでは、投資経営や人文知識・国際業務の多さが目立つのがパキスタン、人文知識・国際業務や技術が相対的に多いのがバングラデシュとマレーシアである。家族滞在が比較的多いのは、バングラデシュとパキスタンである。留学・研修はマレーシアが格段に多くて約三分の一、ついでバングラデシュが一割強である。インドネシアも留学・研修は一割強だが、さらに技能実習と経済連携協定による特定活動という在留資格をあわせて四割近くあることが特徴的であり、マレーシアの場合も含め、前述した年齢構成の若さの一因であろう。留学の在留資格を有する外国人は、上位六カ国では七〇八七人、そのほかの「ムスリム・マジョリティ社会」を合わせると九〇五九人であるが、在留資格全体に占める割合は一割強ほどである。

日本の留学生一〇万人計画(一九八三年)や三〇万人計画(二〇〇八年)は、イスラーム社会からの留学生数の増加にも寄与し、一九六九年や一九八四年と比べても留学生数は大きく増加した。一九八四年末に留学資格を有する者(当時の在留資格である就学も含む)はあわせて一四〇〇人程度であるが、二〇一二年末には九〇〇〇人程度であり、六倍以上に増加している。しかし、留学が在留資格全体に占める割合は、一九八四年末に約二三%であったが、二〇一二年末には一三%と減っていることから、外国人ムスリムの留学生数は大きく増加したもののムスリム・コミュニティにおける留学生の比重は小さくなっている。[26]

[26] 日本学生支援機構『平成25年度外国人留学生在籍状況調査結果』によると，ムスリム留学生の出身国として，インドネシア・マレーシア・バングラデシュ・サウジアラビア・エジプト・ウズベキスタンが上位6カ国である。http://www.jasso.go.jp/statistics/intl_student/documents/data13.pdf（2014年7月2日参照）．

第2章　モスク建設の歴史

日本最初のモスク

日本で最初に建設されたモスクは、神戸在住のインド系ムスリムや滞日タタール人、および海外ムスリムからの喜捨によって一九三五(昭和一〇)年に建設された神戸モスクである。翌三六年には、名古屋在住の日本人の支援を受け、日本や満州在住のムスリムによる喜捨もえて、滞日タタール人によって名古屋モスクが建設された。[1] さらに三八年には現在の渋谷区大山町に東京回教礼拝堂(東京モスク)が建設された。東京モスクは、戦中期日本の回教政策の一環として、日本政府・軍部・財閥などの支援によって建設されたという特殊な事情がある。戦前には、これら三つのモスクが開設されたが、名古屋モスクは戦災により一九四五年に焼失し、終戦時には神戸モスクと東京モスクの二つとなった。神戸モスクは現存しているが、東京モスクは老朽化のために一九八六年に取り壊され、東京ジャーミイ(ジャーミイとはモスクの別名)として二〇〇

[1] 最初のモスクは名古屋モスクであるといわれることがあるが，誤りである。小村不二男『日本イスラーム史』(日本イスラーム友好連盟，1988年，299頁)の「昭和6年(1931)には開設されていたと聴かされた」という記述が原因であろう。名古屋モスク開設記念冊子の記述から，1936年に建設され37年に開堂式がおこなわれたことが確認できる。*The Nagoya Muslim Mosque: A Souvenir Booklet issued in commemoration of the Opening Ceremony of The Nagoya Muslim Mosque.* January 1937, p.12.

[2] Morimotoによれば，日露戦争当時，捕虜収容所があった泉大津市にロシア兵のためにモスクが建設されたが，滞日ムスリムのためのモスクとはいいがたい。Abu Bakr Morimoto, *Islam in Japan. Its past, present and future,* Islamic Center Japan, 1980, pp.18-21.

[3]『出入国管理統計統計表』(法務省)によれば，これら3カ国から1984～92年までの9年間で延べ約33万人が入国した。それ以前の1975～83年までの9年間では，延べ約8万人であった。

〇年に同じ場所に新たに開設された。[2]

戦後は、一九六二年にインドネシア政府、八二年にはサウジアラビア政府が、それぞれ都内にモスクを開設し、国内のモスクは四つ（東京三カ所、神戸一カ所）となった。このような状況に変化をもたらしたのが、第1章で述べた一九八〇年代以降のバブル経済の好景気にともなう、外国人労働者としての外国人ムスリムの大量流入であった。とりわけ、パキスタン・バングラデシュ・イランからの入国者があいつぎ、全国各地の工業地帯に散らばっていった。[3]

ムスリムの宗教的義務としての一日五回の礼拝は自宅や職場などどこでおこなってもかまわないが、金曜日の集団礼拝はモスクでおこなうことが推奨されている。そのため、外国人労働者として来日したムスリムは、同胞との集まり

▶**神戸モスク**（1935年建設）　建設当時の姿で，現在も残っており，神戸の観光名所でもある。

▼**東京モスク**（1938年建設）　現在の渋谷区大山町に建設されたが，1986年に老朽化のため取り壊され，跡地には東京ジャーミイが新築された（2000年）。

▶**名古屋モスク**（1936年建設）　1937年に開堂式がおこなわれた。45年の戦災で焼失した。

や「金曜日の集団礼拝」をおこなえるようなモスクが近辺にない場合には、アパートの一室や公共の集会所などを一時的な礼拝所として集まった。しかし、ムスリム人口の増加や宗教活動の高進にともない、広いスペースをもつ永続的な礼拝施設を居住地の近くに求める声があがるようになった。モスク開設は容易なことではなかったが、パキスタン人を中心とするグループが海外からのイスラーム改革復興運動とその布教組織であるタブリーギー・ジャマーアトのメンバーとの接触・交流をへて、モスク開設に向けて活動を開始した。そして一九九一年、自分たちの収入の一部を喜捨し、建設資金四五〇〇万円で、元学習塾の土地と建物を購入・改装して、埼玉県春日部市にモスクを開設した。町の名前をとって一ノ割モスクと呼ばれる「手づくり感あふれる」モスクができあがったのである。[4] このモスク開設のニュースは、滞日ムスリムに大きな衝撃を与えたという。これ以降、自分たちの手でモスクを開設するという機運が各地に広がりをみせ、日本におけるモスク建設が本格化していくことになる。

ニューカマーによるモスク建設

最大の懸案事項と目されていた資金確保を成しとげて開設された一ノ割モスクに触発され、一九九〇年代後半には関東の群馬県伊勢崎市(二カ所)、東京都葛飾区、千葉県山武市、

4 岡井宏文「日本のモスク変遷」『季刊アラブ』131号, 2009年, 20頁。共同通信社編集委員室編「平和の宗教なのに――聖典コーランの人々」『多国籍ジパングの主役たち』明石書店, 2003年, 152～156頁。

神奈川県海老名市、千葉県市川市、埼玉県戸田市、東京都豊島区に計八カ所、名古屋市と富山県射水市に各一カ所のモスクがあいついで開設された。それらの多くはコンビニ、工場やビルなどを改装したモスクである。群馬県には、土地を八五〇〇万円で購入したプレハブづくりの伊勢崎モスク(一九九五年開設、以下略)、神奈川県には工場を購入・改装した海老名モスク(九八年)、千葉県には二階建ての居酒屋を購入・改装した行徳モスク(九八年)、愛知県には購入した土地に一から四階建てビルを建設した名古屋モスク(九八年)、富山県にはコンビニを購入・改装した富山モスク(九九年)、都内には印刷工場の四階建てビルを購入・改装した大塚モスク(九九年)がある。

二〇〇〇年代に入ると、モスクは建設ラッシュを迎える。一九九九年末には全国で一四であったモスクが、二〇一〇年末には六七にまで増加した。ニューカマー・ムスリムたちの定住化や結婚・家族形成が進んだことや、各地に中古車輸出業や解体業、ハラール産業などの自営業者として成功をおさめたムスリムが増加したことが建

▶**伊勢崎モスク**(1995年開設, 2005年新築)　もともとプレハブのモスクがあった場所に新築された。建設費用は, 3200万円。正面にミフラーブ(マッカの方向を示す壁のくぼみ)の出っ張りがある。

◀**大塚モスク**(1999年開設)
宗教法人日本イスラーム文化センターの本拠地である。

設ラッシュの大きな要因である。そのほかの要因としては、全国各地にムスリムの留学生・研修生が増加したこと、イスラーム団体の結成がさかんになり、その運動が活性化したこと、モスク設立を計画する後発のムスリムたちにとって国内外からの喜捨ルートが多様化（既存モスクの訪問・口コミ・メール・ウェブサイトなど）したことがあげられる。これらの要因により、設立資金の増加、設立ノウハウの蓄積と伝播、設立主体の多様化が進んだのである。

戦中期も含め現在までのモスク設立を類型化すると、〈類型一　国家による建設型〉、〈類型二―一　コミュニティ型（個人喜捨活用型）〉、〈類型二―二　コミュニティ型（個人資産活用型）〉、〈類型三　コミュニティ型＋外部資源活用型〉、〈類型四　留学生主導型＋外部資源活用型〉の四つのタイプとなる。[5] 以下では、それぞれの類型に属するおもなモスクを取り上げて解説する。

国家によるモスク建設

ムスリム・コミュニティの外部、とりわけ特定の政府が建設に関与する「上から」の資源動員によるモスク開設が〈類型一　国家による建設型〉である。このタイプに属するものとして、一九三八年に建設された東京回教礼拝堂、戦後一九六二年にインドネシア政府に

5　岡井宏文「日本のモスク変遷」（前掲論文），21頁。類型名の表記を一部変更したが，各類型の解説は同論文に準じて記述した。

より建設された東京都目黒区のバライ・インドネシア礼拝所、一九八二年にサウジアラビア政府により建設された東京都港区のアラブ・イスラーム学院がある。

東京回教礼拝堂は、おもに当時の滞日タタール人ムスリムのためのモスクであったが、開設にいたる経緯には戦中期の日本政府による回教政策が深く関わっており、建設資金も財閥や日本人有志などによる喜捨が主であった。戦後は、東京トルコ人協会（一九五三年設立）が運営してきたが、老朽化のため一九八六年に取り壊された。跡地はトルコ共和国政府に寄進されて、二〇〇〇年に東京ジャーミイが開設された。東京ジャーミイは、トルコ共和国政府が設けた「東京ジャーミイ建設基金」に集められたトルコ国民からの喜捨を資源として建設され、建設費総額は約一二億円である。モスクはトルコ共和国政府の資産であるが、日本の宗教法人格を取得して活動している。

コミュニティ型のモスク建設

モスク建設の初期に多くみられるタイプとして、〈類型二―一　コミュニティ型（個人喜捨活用型）〉がある。地域のムスリムが自分たちの手で自分たちのモスクを開設するパターンである。ニューカマーによる後発のモスク開設の下地となっており、いわば近年のモスク開設の原型といえる。その最初のモスクが前出の一ノ割モスクである。前述の

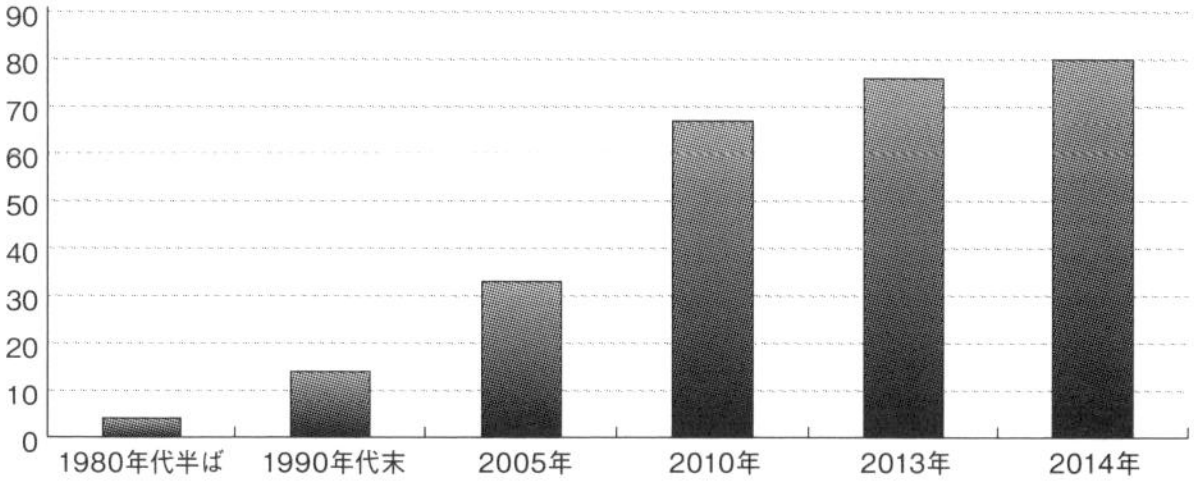

▲日本のモスク数（2014年7月現在）

資料：「滞日ムスリム調査プロジェクト」（早稲田大学多民族・多世代社会研究所 http://imemgs.com）より筆者作成。

伊勢崎モスク・名古屋モスク・行徳モスク・富山モスクなどに加えて、電子機器工場であった四階建てビルを六二〇〇万円で取得・改装したお花茶屋モスク〈成増モスクの後継、二〇〇一年開設〉などがこの類型に属し、ほとんどは一九九〇年代に開設されているが、地域の中古車業者による喜捨によって二〇〇二年に開設された新潟モスク、〇五年に開設された福島県のいわきモスク[6]も、このパターンに属する。

同じくコミュニティ型であるが、地域のムスリムのためのモスクを建設するにあたり、元々所有していた個人資産をベースとしてモスクを建設するパターンが、〈類型二—二 コミュニティ型〈個人資産活用型〉〉である。二〇〇三年に開設された新居浜モスクは、日本人ムスリム個人の店舗併用住宅の二階部分をモスクとしたものである。近隣の工場に勤務しているインドネシア人の技能実習生や、留学生が礼拝参加者の多くを占めている。また二〇〇六年に開設された茨城県小美玉市にあるマディーナ・モスクは、機械関係の工場の二階部分をモスクに整備して開設されたものである。

建設されたモスク全体をつうじて、もっとも多くみられるパターンが、〈類型三 コミュニティ型＋外部資源活用型〉であり、二〇〇〇年代のモスク建設ラッシュの原動力となった。地域のムスリムたちからの喜捨に加えて、他地域からの資源動員を積極的におこなって集めた国内外各地からの建設資金や、先発地域の建設ノウハウを活用して、モスク開

6 ムスリム・コミュニティの規模が小さく，地域のムスリム8人程度の喜捨によって開設された。

▲富山モスク（1999年開設）　国道8号線沿いのコンビニを改装した。外壁には，アラビア語で「信仰告白」が書かれている。

▲名古屋モスク（1998年開設）
4階建てビルを新築した。正面には小さなミナレット（大きなモスクに付属する塔）のかたちをした尖塔が2本，立っている。

▲東京ジャーミイ（2000年新築）　東京回教礼拝堂の跡地に新築された。トルコ共和国の管理するモスクで，宗教法人となっている。

▲所沢モスク（2006年開設）　一軒家を改装したモスク。外壁全面を緑色に塗り替えている。

▲新居浜モスク（2003年開設）　個人店舗の2階部分がモスクとなっている。屋根の上には，モスクを象徴する緑色のドームがある。

設にいたるパターンである。宗教法人である東京都豊島区の大塚モスク(法人名、日本イスラーム文化センター)の支部である栃木県の足利モスクは、設立にさいしてノウハウの供与を受け、関東圏のムスリムからの喜捨を集めて二〇〇〇万円で二階建てビルを購入・改装し、二〇〇〇年に開設した。〇三年に開設された群馬県の館林モスクは、全国のムスリムからの喜捨を含めた三〇〇〇万円で工場を購入・改装した。一九九五年に開設されていたプレハブづくりの伊勢崎モスクは、国内各地のモスクを巡回して喜捨を募り、二〇〇五年に三二〇〇万円をかけて建物が新築された。埼玉県の所沢モスクは、富山モスクを訪問し、中古車輸出業者などから喜捨を集め、〇六年に一軒家を四〇〇〇万円で購入・改装して開設された。

留学生主導型のモスク建設

近年もっとも活動的な建設パターンは、〈類型四　留学生主導型+外部資源活用型〉である。外部資源活用型である点は、類型三と共通するが、相対的に資金力に乏しい留学生が国内外を問わず他地域から積極的に資源を動員して設立にいたるパターンである。

留学生が組織した地域のムスリム学生会などと呼称されるイスラーム団体が中核となり、周辺のムスリムも参加してモスク建設を計画することが多く、各地の国立大学の周辺など

7　ムスリムの埋葬様式は土葬のため，土葬が可能な霊園が必要である。国内のそのほかの霊園については，第3章を参照。

にモスクが建設されることが特徴的である。歴代の留学生による長年の積立金などに加えて、国内外からの喜捨によって建設にいたるケースがほとんどであるが、留学生は活動メンバーが流動的で入れ替わりが頻繁にあるため、建設計画は留学生のあいだで引き継がれ取り組まれてきた。

北海道大学に近い木造二階建ての一軒家を購入・改装した札幌モスクは、モスク建設などを目的とする北海道イスラミックソサエティ（一九九二年設立）が開設したものであり、北海道小樽市のムスリム・コミュニティからの喜捨をはじめ、国内外からの喜捨を含めて、総額三二〇〇万円で二〇〇七年に開設された。また北海道イスラミックソサエティは、北海道余市町の霊園の一角に永代使用権を取得し、イスラーム霊園として運営している。[7]

東北大学の近くに、二〇〇七年に新築された仙台モスクは、仙台イスラム文化センター（一九八五年に正式発足）が開設したものであり、二〇年以上にわたる積立金に加えて、国内各地に役員を派遣して喜捨を募り、海外からの喜捨もあって、総額四〇五〇万円で建設された。

福岡モスクの場合は、一九九八年に九州大学ムスリム学生会が結成さ

◀**福岡モスク**（2009年開設）
JR箱崎駅から徒歩2〜3分の鹿児島本線沿いにある。モスクに特有のドームとミナレットがあるが，一見すると普通のビルにしか見えない。

▶**熊本モスク**（2013年開設）
熊本大学キャンパス近くに開設された。緑色の大きなドームと小さな2本のミナレットが印象的である。

れ、モスク建設の機運が高まり、二〇〇九年に新築にいたった。留学生は五万円、社会人は二〇万円程度の喜捨をベースとし、富山・新潟・東京・大阪など自営業者の多い地域のモスクにも出向いて喜捨を募った。さらに九州大学のアラブ首長国連邦の留学生の努力で、同国の赤新月社(イスラーム社会の赤十字社)をつうじて二億円という高額の喜捨をえた。

熊本では、二〇〇〇年に留学生によって熊本ムスリム学生協会が設立され、モスク開設前から、一般向けのイスラーム・セミナーやアラビア語書道講座を開催してきたほか、キリスト教徒や仏教徒との対話セミナーにも参加していた。資金確保のために、各地を二カ月間にわたって行脚し喜捨を集め、地元ではモスク開設に関する説明会や住民対象のアンケート調査も実施して地域の理解をえたあと、二〇一三年に熊本モスクが開設された。[8]

このほか、留学生が中心となって設立されたモスクには、つくばモスク(二〇〇一年)、埼玉モスク(一一年)、富山五福モスク(一四年)、岡山モスク(〇八年)、東広島モスク(一二年)、島根モスク(一三年)、別府モスク(〇八年)などがある。

これからのモスク建設

日本のモスクは戦前の創設期、一九九〇年代以降の急増期をへて、現在では国内各地に八〇のモスクが存在するにいたっている。昨今の日本経済や日本のムスリム人口の動向か

8 新居浜モスクの代表者である浜中彰氏は，次のように熊本モスクを評価している。「2013年開堂された熊本マスジドは，以前の国内にあるマスジドで蓄積されたさまざまなノウハウをフルに活かしたアイデアたっぷりのマスジドである。これから，マスジドを建設する各地の代表者は，このマスジドを参考につくらなければならないと思う。それほど私を感心させたマスジドである」https://www.facebook.com/media/set/?set=a.556575321046787.1073741836.304438292927159 & type=3(2014年7月2日参照)。

らすると、当面はモスクの急増はないと予測されるが、今後も外部資源活用型を中心として、モスクの空白地域に留学生が主導するモスク建設、あるいはコミュニティを核としたモスク建設がおこなわれていくことは予想される。

短期的には、滞日ムスリム人口は、在留外国人統計などを利用した推計を参照するかぎりでは、定住化や家族形成の進行などによる微増あるいは横ばい程度で推移することが考えられる。しかし、中長期的に滞日ムスリム人口動向を把握するのは難しく、二〇二〇年の東京オリンピック開催にともなう外国人建設労働者の受け入れ政策のあり方しだいで若干のぶれもありえる。また日本人の改宗や、外国人介護労働者の受け入れ増加などのファクターもあり、今後やや大きな変動があるかもしれない。

一方、ムスリム人口の動向にかかわらず、ムスリム留学生が一定数いると思われるものの、モスクがない地方県があることから、[9] 外部資源を活用したモスク設立がしばらくは進むことが予想される。最近、国内からの外部資源だけでなく海外からの外部資源による設立資金の確保の流れが増える傾向があることからも、モスク開設に弾みがつく可能性も考えられる。二〇一四年七月現在でモスク建設計画の情報がある地域として、静岡・香川・宮崎・沖縄の四県、および町田市(東京都)、北九州市(福岡県)と松山市(愛媛県)の三市があがっており、地方では留学生が中心となったモスク建設が続きそうである。

9 日本学生支援機構『平成25年度外国人留学生在籍状況調査結果』(前掲)。

41	マディーナ・モスク(小美玉)	茨城県小美玉市	関東	2006
42	水戸アブーバカルモスク	茨城県水戸市	関東	2006
43	大阪茨木モスク	大阪府茨木市	関西	2007
44	仙台モスク	宮城県仙台市青葉区	東北	2007
45	ベイトルムカッラムモスク	茨城県ひたちなか市	関東	2007
46	札幌モスク	北海道札幌市北区	北海道	2007
47	春日井モスク	愛知県春日井市	中部・東海・北陸	2007
48	結城モスク	茨城県結城市	関東	2008
49	徳島モスク	徳島県徳島市	四国	2008
50	バーブ・アル=イスラーム岐阜モスク	岐阜県岐阜市	中部・東海・北陸	2008
51	小樽モスク	北海道小樽市	北海道	2008
52	坂戸モスク	埼玉県坂戸市	関東	2008
53	別府モスク	大分県別府市	九州	2008
54	岡山モスク	岡山県岡山市北区	中国	2008
55	石岡・小美玉モスク	茨城県小美玉市	関東	2008
56	鹿沼モスク	栃木県鹿沼市	関東	2008
57	一宮モスク	愛知県一宮市	中部・東海・北陸	2008
58	福岡モスク	福岡県福岡市東区	九州	2009
59	三重モスク	三重県津市	関西	2009
60	いわいモスク	茨城県坂東市	関東	2009
61	日立モスク	茨城県日立市	関東	2009
62	新潟第2モスク	新潟県新潟市西区	中部・東海・北陸	2009
63	千葉(四街道)モスク	千葉県千葉市	関東	2009
64	川越モスク	埼玉県川越市	関東	2010
65	御徒町モスク	東京都台東区	関東	2010
66	瀬戸モスク	愛知県瀬戸市	中部・東海・北陸	2010
67	福井モスク	福井県福井市	中部・東海・北陸	2010
68	埼玉モスク	埼玉県さいたま市	関東	2011
69	飛島モスク	愛知県海部郡飛島村	中部・東海・北陸	2011
70	木更津モスク	千葉県木更津市	関東	2011
71	東広島モスク	広島県東広島市	中国	2012
72	豊橋モスク	愛知県豊橋市	中部・東海・北陸	2012
73	熊本モスク	熊本県熊本市中央区	九州	2013
74	桐生モスク	群馬県桐生市	関東	2013
75	島根モスク	島根県松江市	中国	2013
76	蒲田モスク	東京都大田区	関東	2013
77	金沢モスク	石川県金沢市	中部・東海・北陸	2014
78	鳥取モスク＊＊	鳥取県鳥取市	中国	2014
79	富山五福モスク	富山県富山市	中部・東海・北陸	2014
80	鹿児島モスク＊＊＊	鹿児島県鹿児島市	九州	2014

No.	名称	所在地	所在地域	設立年
1	神戸モスク	兵庫県神戸市中央区	関西	1935
2	東京回教礼拝堂(東京ジャーミイ)	東京都渋谷区	関東	1938(2000)
3	バライ・インドネシア礼拝所	東京都目黒区	関東	1962
4	アラブ・イスラーム学院	東京都港区	関東	1982
5	一ノ割モスク	埼玉県春日部市	関東	1991
6	伊勢崎モスク	群馬県伊勢崎市	関東	1995
7	成増モスク(お花茶屋モスク)	東京都葛飾区	関東	1995(2001)
8	日向モスク	千葉県山武市	関東	1995
9	境町モスク	群馬県伊勢崎市	関東	1997
10	海老名モスク	神奈川県海老名市	関東	1998
11	行徳モスク	千葉県市川市	関東	1998
12	名古屋モスク	愛知県名古屋市中村区	中部・東海・北陸	1998
13	戸田モスク	埼玉県戸田市	関東	1999
14	大塚モスク	東京都豊島区	関東	1999
15	富山モスク	富山県射水市	中部・東海・北陸	1999
16	八潮モスク	埼玉県八潮市	関東	2000
17	浅草モスク	東京都台東区	関東	2000
18	足利モスク	栃木県足利市	関東	2000
19	つくばモスク	茨城県つくば市	関東	2001
20	新安城モスク	愛知県安城市	中部・東海・北陸	2001
21	高松モスク＊	香川県高松市	四国	2001
22	白井モスク	千葉県白井市	関東	2001
23	富士モスク	静岡県富士市	中部・東海・北陸	2001
24	大阪中央モスク	大阪府大阪市西淀川区	関西	2001
25	八王子モスク	東京都八王子市	関東	2002
26	各務原モスク	岐阜県各務原市	中部・東海・北陸	2002
27	新潟モスク	新潟県新潟市北区	中部・東海・北陸	2002
28	館林モスク	群馬県館林市	関東	2003
29	新居浜モスク	愛媛県新居浜市	四国	2003
30	蒲生モスク	埼玉県越谷市	関東	2003
31	小山モスク	栃木県小山市	関東	2005
32	いわきモスク	福島県いわき市	東北	2005
33	京都モスク	京都府京都市上京区	関西	2005
34	横浜モスク	神奈川県横浜市都筑区	関東	2006
35	所沢モスク	埼玉県所沢市	関東	2006
36	豊田モスク	愛知県豊田市	中部・東海・北陸	2006
37	名古屋港モスク	愛知県名古屋市港区	中部・東海・北陸	2006
38	浜松モスク	静岡県浜松市南区	中部・東海・北陸	2006
39	坂城モスク	長野県埴科郡坂城町	中部・東海・北陸	2006
40	館林サラマットモスク	群馬県館林市	関東	2006

▲日本のモスク一覧(2014年7月現在)

(注)＊開設当初はモスクだったが，現在，ムサッラー(一時的礼拝所)となっている。
＊＊土地・建物購入済み。2014年2月現在，リフォーム予定。
＊＊＊建物があり，現在改装中。2014年9月開設予定。
モスクの名称は，通称を記載。また，網をかけたモスクは，ウェブサイトを開設している。
資料：「滞日ムスリム調査プロジェクト」(早稲田大学多民族・多世代社会研究所 http://imemgs.com)より筆者作成。

Column #01

韓国のモスク

お隣の韓国にも、日本と同様に外国人ムスリムを主体とした「滞韓ムスリム」が居住している。ピュー・リサーチ・センター(Pew Research Center)の推計によれば、二〇一〇年現在で滞韓ムスリムは約七万五〇〇〇人とある(*The Future of the Global Muslim Population.* 2011)。全人口が約五〇〇〇万の韓国では、人口の〇・二%ほどである。

二〇一一年の「第三回全国モスク代表者会議」に講演者として来日した「韓国ムスリム連盟」(Korea Muslim Federation、一九六五年設立)の韓国人イマーム(導師)、アブドゥル・ラフマーン・リー氏によれば、朝鮮とイスラーム社会との接触は、七世紀半ばの新羅の時代にまで遡る。九世紀に中国経由で多くのムスリム商人が来訪し、十世紀に建国された高麗の時代には首都開城にすでにモスクがあったという。

その後、韓国にイスラームが根づく契機となったのは朝鮮戦争(一九五〇～五三年)である。一〇数カ国からムスリムの兵士が参戦し、トルコ人ムスリムによる「伝道」がおこなわれ、早くも一九五五年には「韓国ムスリム協会」(Korea Muslim Association)が結成された。その後、オイルショック(一九七三年)や一九七〇年代の「開発ブーム」による中東への出稼ぎ建設労働者の派遣をへて、一九七六年には韓国政府が提供したソウル中心部の土地に「ソウル中央モスク」が建設されたということである。

韓国のムスリム人口推計は、前出の七万五〇〇〇というものから、一三万～一四万、あるいは二〇万というものもある。また、韓国人ムスリムも一万から三万まで幅があり、確かなところは見極めがたい。リー氏によれば、韓国人ムスリムが三万五〇〇〇、外国人ムスリムが一〇万であるという(二〇一一年現在)。しかし、モスクの数については、ソウル中央モスクを含め一〇カ所、イスラームセンターと称される文化センターで礼拝スペースをもつ施設が五カ所、そのほか、団地などを中心にムサッラー(一時的礼拝所)が四〇カ所あるという。ソウル中央モスクの設立後、大きな都市を中心に、釜山市・広州市・安養市・全州市・安山市・仁川市豊平区・坡州市・抱川市・光州市にモスクが開設され、いずれも「韓国ムスリム連盟」の支部である。同連盟は、ハラール認証事業やイスラーム霊園、イスラーム学校の運営をおこなっており、毎年各地のモスクのイマームや代表者を集めて、年次大会を開催している。

滞日ムスリム人口の規模とモスク数の対比からみると、韓国のモスク数は、日本と比べて相対的に少ないように思われる。ムスリム人口の居住地域が全国に拡散していないことや、外国人ムスリムの在留資格として短期の就業を目的とするものが多いことが影響していると考えられる。

第3章　コミュニティの中心としてのモスク

社会的活動の中心

モスクは第一義的には礼拝のための施設であるが、イスラーム社会においてはムスリムの生活全般にとって重要かつ多様な機能をもっている。日本にあるモスクも同様な機能をはたす施設とみなすことができるが、非イスラーム文化圏である日本という異郷の地においては、モスクが滞日ムスリム・コミュニティの中心であり、ムスリムによるムスリムのための諸活動全体を担う機関であるといえる。

しかし第2章でみてきたように、日本に開設されたモスクは新築が少なく、コンビニ・一軒家・工場やビルといった既存の建物を購入して改装したものが多く、当初から必要な機能がすべて備わっていることはほとんどない。運営主体の理念や方針、開設されたモスク特有の属性（建築形態・規模・設立状況・立地など）、当該のモスクで礼拝をおこなうムスリムの属性（世帯構造・在留資格・年齢・性別など）などによりモスクが担う活動は多様であり、開設当初からすべてのモスクが同じような機能をはたすものとして存在しているわけでもない。

開設されたモスクの、どのような機能に重点がおかれているかは一様ではなく、単身者や留学生が多い地域のモスクと、日本に定住して家族を形成しているムスリムが多くを占める地域のモスクでは、活動の諸相が異なり、求められる機能も異なる。なかには、モスク開設前からなんらかの団体を組織して、長年にわたり活動を続けてきたムスリム・コミュニティもあり、モスクが設立当初からすでに多機能を担っているケースもある。このように担う機能はモスクにより多様であるが、いずれのモスクもコミュニティの中心としての性格を備えているのである。

イスラーム社会におけるモスクは礼拝の場であるだけではなく、ムスリム同士の集まりの場、精神的な拠り所であり、憩いの場、悩みごとの相談や情報交換の場、困ったときの相互扶助の場、子どもや成人のための教育の場、祭りや婚姻・葬儀の場でもある。日本におけるモスクは、そのような場としての機能に加え、非ムスリム社会である日本でのムスリムの暮らしに必要なことを充足する役割も担っているのである。具体的な例としては、土葬が可能な墓地建設のための活動やイスラームの規範にのっとったハラール食品の確保、日本の学校にかよう子どもたちの給食問題への対応、さらにイスラーム学校建設活動などがある。また非ムスリム社会でマイノリティとして暮らすなかで、イスラームの文化や価値観を継承する活動、ムスリムとしてのアイデンティティを付与する活動、イスラームの存在感を示して社会的な「承認」をえるという活動もある。[1] 地域社会におけるモスク建設反対運動への対応や、地域社会との良好な関係を構築する活動もモスクが担っているのである。以上述べてきたような機能をすべて備えたモスクが、いわば日本における理念型としてのモスクである。

日本におけるモスクを拠点とするムスリムの社会的活動を知るために二〇〇五年から実施しているインタビュー調査「全国モスク調査」によれば、これまでに調査した全国の半数近いモスクで、宗教的な活動のほか、日本社会との関係性のなかでムスリムにとって必要な生活全般に関わる多様な社会的活動がなされていることがわかる。

モスクの機能の付加については、初発の機能整備の状況に応じて、一般的には開設後時間の経過とともに機能的拡大や充実が実現すると考えられるが、実際には、つねに時間軸でしだいに機能が付加されていくというわけでもない。例えば一九九〇年代後期に開設されたモスクの多くでは礼拝機能のほかの、イスラームの勉強会・葬儀・結婚契約・子どもの教育などの機能が開設後に付加されているが、二〇〇〇年代になって開設されたモスクには、宗教的機能が中心で、新たな機能の付加は進んでいないところもある。また、二〇

[1] 岡井宏文「滞日ムスリムによる宗教的基盤の獲得と変容――モスク設立活動を中心に」『人間科学研究』22巻1号，2009年，23～24頁。

○○年代後期に設立されたモスクのなかには、開設当初から多様な機能が付加されている例もある。このモスクの場合は、地域ムスリム協会のような組織がモスク開設以前から先行して存在し、多様な活動実績を積み上げ、のちに「ハコモノ」としてのモスクが整備されたのである。

本章では、理念型としての「コミュニティの中心としてのモスク」の社会的活動を分野別に取り上げ、それにそって、日本のモスクでおこなわれている社会的活動の全体像を提示する。現実のモスクの社会的活動の諸相は、理念型としてのモスクの社会的活動からはさまざまな距離感があるが、適宜、各地のモスクの具体的事例を提示しながら、日本におけるムスリムの社会的活動を紹介する。

宗教的活動

モスク開設当初の目的は、居住地の近くに恒久的で十分な広さをもった礼拝スペースを確保し、宗教的活動の中心である礼拝に訪れるムスリムを受け入れる場を確立することにあった。モスク建設にあたっては、工場やコンビニなどの既存の物件を購入してモスクに改装する事例が多いため、礼拝に必要な基本的設備をそろえる改装・改築が必要となる。モスクには礼拝の方向を示すミフラーブ（マッカの方向を示す壁のくぼみ）の設置、ウドゥー

（礼拝の前に、手足や顔などを水で浄《きよ》めること）をおこなう水場の設置は不可欠である。既存の物件の洗面所は、多人数のムスリムがウドゥーをおこなうための水場としては小さすぎるため、新たにウドゥー用の水場の設置工事が必要となる。このほか、集団礼拝のときにおこなわれる説教[2]のためのミンバル（説教壇）を増築したり、集団礼拝後の食事やラマダーン月（断食月）の断食明けの食事を提供するモスクでは、調理場の増改築などもおこなわれたりする。また、外装をモスクらしく見せるため、ドームやミナレット（塔）を増築する、あるいはビルの外壁にドームやミナレットを模した装飾をほどこしたり、外壁そのものをイスラームの色である緑色[3]に染めたりすることもある。さらに、礼拝のために必要な小物類、礼拝用の帽子、一日五回の礼拝

▶福岡モスクのミフラーブ（マッカの方角を示す壁のくぼみ）**とミンバル**（説教壇）

▲熊本モスクのウドゥー（礼拝前の浄め）**のための水場**

▶岐阜モスク開堂式当日の集団礼拝　正面奥がミフラーブ。

時刻を示す時計やイスラーム暦のカレンダー、クルアーン(コーラン)をはじめとする書籍類なども用意される。こうして、礼拝がおこなわれるモスクとしてのひととおりの体裁が整うのである。

普段の一日五回の礼拝をおこなう場所は、自宅や職場などどこでもかまわないが、金曜日の昼の集団礼拝はモスクでおこなわれ、成人男性のムスリムは参加が義務とされている。[4] しかし、日本においては、日本社会の実情にあわせて金曜日だけでなく、土曜日に集団礼拝を実施しているモスクも多い。断食月[5]のタラウィーフ礼拝(断食月の特別な自発的礼拝)やイード(祭り)のさいにおこなわれる特別の集団礼拝も含め、多数のムスリムが礼拝のために一堂に会する場がモスクである。[6]「家や職場で行う礼拝よりも、モスクで行う礼拝のほうが二〇倍も二五倍も価値がある」というハディース(預言者ムハンマドの言行を記録したもの)もある。

モスクにおける金曜日の集団礼拝は男性の義務であるが、女性も男性とは別の礼拝スペースで礼拝に参加する。数階建てのビルにあるモスクでは、階を違えて男女別の礼拝スペースが設置され、礼拝時のイマーム(導師)の声はスピーカーをつうじて、各階に流される。平屋建てのモスクでは、仕切りを使って男女の礼拝スペースが分離される。また、普段から女性が礼拝をおこなうスペースがないモスクもあって、女性の

2 イスラーム社会の説教は，一般信徒の宗教観だけでなく政治観などに影響を与えるという点できわめて重要である。日本のモスクでは，宗教に関する説教がほとんどで，多言語でおこなわれる。

3 緑はイスラームの色と一般に認識されている。天国の住民の衣服の色，預言者ムハンマドが緑の旗を用いたことなどによるものとされている。『岩波イスラーム辞典』「色」の項目，本シリーズ第4巻『聖なる家族』(森本一夫，2010年)，61頁参照。

4 イスラーム社会では，モスクに入りきれないほど人々が集まることもあり，広場や道路に礼拝用のカーペットを敷き詰めて，集団礼拝がおこなわれることもある。

5 イスラーム暦の第9月で，日の出から日没まで飲食などを断つ行を1カ月間おこなう。

6 首都圏のムスリム149人にたずねたところ，モスクでの礼拝に参加しているという回答は8割以上である。早稲田大学人間科学学術院アジア社会論研究室『在日ムスリム調査』2006年，49頁。

礼拝への対応は多様である。「全国モスク調査」のような調査の場合でも、調査員が男性であれば、男性とは別の礼拝スペースで礼拝する女性の礼拝の様子を見ることはできない。子どもたちも父親に連れられて礼拝にやってくるが、子どもたちは礼拝へ参加すると同時に、ほかのムスリムと出会うことによってイスラーム的価値や文化、母国の文化などにふれるのである。

出会いと憩い

モスクはムスリムが自由に集う場である。礼拝に参加した折に知人や友人と言葉を交わしている光景はよく見られる。イスラーム社会では二四時間開放が原則であるモスクは、集団礼拝や個人的で自発的な礼拝をおこなうためだけでなく、つかのまの休息であれ、時間つぶしのためであれ、礼拝を目的としない出入りも自由である。

日本のモスクのほとんどは防犯上の理由などで深夜から未明までは閉鎖されているが、日の出前のファジュル礼拝からは開放されているケースが多く、早朝から夜遅くまでいつでも訪問できる。モスクは、礼拝時にかぎらず、いつでも行けば誰かに会えるし、世間話や悩みごとなど日常生活の相談もできる場となっている。滞日ムスリムに特有のイスラームの信仰実践や各地のモスク開設運動の話題がでたり、家族やお金や仕事、病気や健康や

7　工藤正子『越境の人類学——在日パキスタン人ムスリム移民の妻たち』東京大学出版会, 2008年, 113頁。

8　店田廣文・岡井宏文編『滞日ムスリムの子ども教育に関する調査報告書』早稲田大学人間科学学術院アジア社会論研究室, 2010年, 117頁。

人間関係のことなど、日本人と共通する話題もでたりする。

日本のモスクがムスリム男性の出会いと憩《いこ》いの場になっていることは確かであるが、ムスリム女性（ムスリマ）にとってはかならずしもそうではない。居住地に近いモスクが普段から女性のための礼拝施設の機能をもっていない場合、その地域で暮らす女性信者からは出会いと憩いの場が奪われていることになる。「一九九〇年代末期に女性の部屋が設けられる以前に、女性がモスクに出入りすることはほとんどなかった」[7]という指摘からもうかがえるように、日本ではモスクで礼拝するのは男性だけで、女性は家で礼拝するのがあたりまえであった。現在でも男性のみが礼拝しているモスクは存在する。最近では、インターネット上にムスリマのためのウェブサイトや掲示板もあるが、実際に相談できる場や出会いの機会を求める人にとっては物足りない面があることは否めない。調査で収集した要望のなかにも「ムスリマ同士で出会うきっかけがないので、男性同様、……女性も気軽に行けるモスクが近くにあればよい」という声もあった。[8]とりわけ、結婚によりイスラームに改宗した日本人女性の場合は、イスラームに関する理解が十分でないケースもあり、周囲の日本人との対応や子どもの学校教育などで問題をかかえていることもある。

断食月のイフタール（断食明けの食事）時やイードの集団礼拝のとき、モスクは普段はなかなか会えない仲間たちと「再会できる」機会を提供する場となる。友人・知人との会話

◀大塚モスクでの断食明けの祭り
入り口には,「イード・ムバーラク」(断食明けの祭り, おめでとう)の文字があり, 右手の男性は喜捨を集めるための箱をもっている。

は、礼拝と同様に滞日ムスリムにとっては欠くことのできない大切なことである。モスクは、たがいの絆を再確認し、悩みごとの相談や情報交換をする場でもある。二〇一三年はイスラームの断食月が七月一〇日から始まり、八月七日に終わったが、翌八日に断食明けの祭りにともなう礼拝が各地のモスクでおこなわれた。東京の大塚モスクでは、朝七時半から集団礼拝がおこなわれた。都内各地からの参加者は五〇〇人をこえ、礼拝は数回にわたっておこなわれ、モスク前の路上では話し込むムスリムたちの姿があちこちに見られた。

勉強会と教育

イスラーム教育は、多くのモスクに備わっている機能である。成人男女、子ども向けの勉強会が別々に実施されているケースがほとんどである。女性や子ども向けの教育の有無はモスクにより異なるが、成人男性向けの勉強会はほとんどのモスクが実施している。[9] ボーン・ムスリム(生まれながらのムスリム)であるからといって、全員がイスラームに関する知識が豊富なわけではないし、改宗ムスリムである日本人であれば、なおさらであろう。母国にいるときには、イスラームそのものに大して関心がなかったが、日本にやってきて「信仰に目覚めた」というムスリムも多数いる。首都圏の外国人ムスリムに「日本に来てあなたの信仰心はどのように変わりましたか」とたずねた調査によると、信仰心が「強く

9 調査への回答によれば，モスクへの期待として，子どもや大人のためのイスラーム教育の場をあげるムスリムが4分の3ともっとも多い。店田廣文・岡井宏文編『滞日ムスリムの子ども教育に関する調査報告書』(前掲書)，51頁。

なった」あるいは「少し強くなった」と回答したムスリムが半数をこえていた[10]。

調査をおこなったモスクの成人男性向けの勉強会の内容を一例としてあげると、クルアーン読誦とその解釈が中心で、そのほか、イスラームの行動規範の学習やハディース読誦もおこなわれているが、内容はとくに限定されているわけではない[11]。勉強会自体は、金曜日や土曜日であればお昼のズフル礼拝のあと、あるいは毎日の夜のイシャー礼拝のあとなど、おおむね礼拝後に設定されている。いずれにしても、成人男性向けの勉強会は、比較的頻繁に開催されていることがうかがえる。

前項で述べたように一九九〇年代末期頃までは女性がモスクにやってくること自体がまれであったが、モスクに女性専用のスペースがしだいに確保されるようになり、最近では女性の勉強会を開催するモスクも増えている。浅草モスクや名古屋モスクでは二階に女性専用の礼拝兼教育スペースがあり、新居浜モスクでは土曜日に女性のための勉強会を開催している。新安城モスクでは女性のための勉強会は開催しているが、場所はモスクではなく近隣の家屋である。

このほか、モスクの教育機能として、ムスリム・コミュニティを継承していく第二世代以降を対象とする将来の指導者養成のための教育も望まれているものの、今のところ該当するものは存在しないようだ。

10 早稲田大学人間科学学術院アジア社会論研究室『在日ムスリム調査』(前掲書), 41～42頁。

11 店田廣文・岡井宏文編『日本のモスク調査1』早稲田大学人間科学学術院アジア社会論研究室, 2008年, 66頁。

つぎに、ムスリムの子どもたちに対する教育についてであるが、日本における公立学校教育では、教育内容は文部科学省の指定する学習指導要領に準拠しており、オランダやベルギーのようにムスリムの子どもたちに対して、公立校においてイスラームに関する教育が提供されることはない[12]。外国人の子どもたちは日本人児童生徒と同様に義務教育学校に受け入れられ、教育の機会は保障されており、日本語指導員の配置など日本の教育への参入を支援する政策もおこなわれている。しかし、それはあくまでも日本語による日本の教育を前提とするものであり、子どもたちにイスラーム教育をどのように与えるかということは、滞日ムスリムの親たちにとっては切実な問題となっている。滞日ムスリムには、子どもへのイスラーム教育を海外でおこなうという選択肢があり、イスラーム教育のために日本から海外に子どもが送り出されているケースもあるが、最近では日本での教育を望む親たちが増えている。とはいえ国内でのイスラーム教育は、各地のモスクなどにおいてインフォーマルなかたちで実施されている補助的教育の機会を利用するか、家庭での教育に頼っているのが現状である[13]。

12 見原礼子「公教育におけるムスリムの学びの条件――フランス・ベルギー・オランダの比較分析」大芝亮・山内進編『衝突と和解のヨーロッパ――ユーロ・グローバリズムの挑戦』ミネルヴァ書房，2007年。

13 東京都内に，インドネシア国籍の子どもたちを対象とし，本国と同様の教育システムをもち，日本の大学受験資格も認められている東京インドネシア共和国学校がある。朴三石『外国人学校』中央公論新社，2008年。地方では，インドネシア人組織によるイスラーム教育がおこなわれている。服部美奈「在日インドネシア人ムスリム児童の宗教的価値形成」『異文化コミュニケーション研究』19号，2007年。また杉本均「滞日ムスリムの教育問題」江原武一編著『多文化教育の国際比較』(玉川大学出版部，2000年)も参照。

14 大塚モスク http://www.islam.or.jp/services/islamic_school/（2014年10月13日参照）。

15 イスラミックセンター・ジャパン http://islamcenter.or.jp/islamic-programmes/education-program/(2014年10月13日参照)。

16 神戸モスク http://www.kobemosque.info/jp/visitor.html#(2014年10月13日参照)。

17 店田廣文・岡井宏文編『全国モスク代表者会議Ⅲ』早稲田大学人間科学学術院アジア社会論研究室，2011年，17～18頁。

18 岡井宏文「イスラーム・ネットワークの誕生――モスクの設立とイスラーム活動」樋口直人他『国境を越える――滞日ムスリム移民の社会学』青弓社，2007年，193～194頁。

家族で暮らすムスリムが多い地域では、モスクが子どもの教育を提供するケースが多くみられるが、対象となりうる子どもや教師として適格なムスリムの有無などに応じてさまざまな形態でイスラーム教育が実施されている。実際に、いくつかの団体や組織が中心となって開設した、子どもたちのためのイスラーム教育の場がある。例えば、ジャパン・イスラミック・トラスト（JIT）による大塚モスクでのイスラミーヤ・スクール[14]（クルアーン暗記クラスや、土曜・日曜学校）、イスラミックセンター・ジャパン（ICJ）による土曜日の子どもクラス[15]（クルアーン暗誦、アラビア語、イスラームの礼儀など）、神戸モスクによる日曜学校[16]（クルアーン暗誦、イスラーム教育など）、行徳モスクでの週末学校[17]（クルアーンや預言者伝の学習、宗教歌や信仰実践の学習など）などである。また、伊勢崎モスク・お花茶屋モスク・海老名モスク・坂城モスク・名古屋モスク・春日井モスクなど多数にのぼるモスクが、週末や夕刻にイスラーム教育の場として子どもたちに開放されてきた。

これらのイスラーム教育の場は、多くが有志のムスリムによってボランティア的に運営されているにすぎない。一方で、ムスリムの親たちの考え方や経済状況の違い、居住地域の広域化と多様化、運営メンバーの帰国などを要因として、休業状態に追い込まれている事例も少なくない。[18]子どものイスラーム教育に熱心な親からは、持続的に安定した恒常的なイスラーム教育の場が望まれている。とはいえ、イスラーム学校がまだないという現状

◀**行徳モスクにおける子ども教育**
ハディースの内容についてぬり絵教材を使って教えている。

では、モスクが子ども教育の場として多くの滞日ムスリムから期待されていることも確かである。[19]

現在のところ、海外の日本人学校に相当するようなかたちで、日本においてイスラーム教育を実施している学校は、国内には存在しない。ＩＣＪが関係している友愛インターナショナル・スクールという学校はあるが、アラビア語やクルアーンに関する講座が提供されているものの、いわゆる正規の学校ではない。イスラーム教育を含む小・中学校の教科課程を備えた学校の実現は容易ではなく、中部地方での岐阜イスラミックインターナショナルスクールの計画も現在は活動自体が中断している。「学校をつくってほしいという親からの声はあるが、そのためのミーティングを開いても人が集まらない。お金に余裕のある親たちは、ドバイやパキスタンに子どもを送って教育を受けさせるから、日本に学校はいらないという。では、日本は誰が支えていくのか。私たちが動かなければ誰がやるのか」[20]という意見があるのは、日本で生まれ育った世代が日本のイスラーム社会の中核となる、日本のムスリム・コミュニティの将来を真剣に考える時期にいたっていることをあらわしている。イスラーム学校建設は、「日本のイスラームと日本のムスリム」の将来に密接に関わる課題であり、世代交代を迎えつつある滞日ムスリム・コミュニティがはたしておくべき仕事なのである。[21]

19 このほか，大塚モスクが幼稚園，春日井モスクは保育園(2013年開設)を運営している。
20 2014年2月9日に早稲田大学で開催された第6回全国マスジド(モスク)代表者会議での発言内容を名古屋モスクの代表者自身が要約して，同モスクのウェブサイトに掲載した http://nagoyamosque.com/2572.html(2014年9月27日参照)。
21 2014年にイクラ・インターナショナル・スクールが東京都葛飾区に開設された。カリキュラムや運営体制などはウェブサイトに掲載されているが，現在の運営状況は不明である。とはいえ学校建設に向けた一つの動きである http://www.iqra.jp (2014年7月12日参照)。

相互扶助

イスラームには宗教的義務行為として、相互扶助のためのザカート(喜捨)がある。ザカートは、貧者や困窮者などの救済としての役割があり、サウジアラビアでは個人の所得の二・五%がザカートとして、政府機関であるザカート・所得税局によって徴収されている。当然ながら日本では政府機関によるザカートの徴収はないことから、公的に制度化されたムスリムの相互扶助活動は存在しないが、ザカートおよびサダカ(自発的喜捨)がモスクによって徴収されている。例えば大塚モスクでは二〇一三年のイード・アル・フィトル(断食明けの祭り)の集団礼拝時に一人あたり一五〇〇円が、ザカート・アル・フィトル(断食明けの喜捨)、あるいはサダカ・アル・フィトル(断食明けの自発的喜捨)として、徴収されていた。サダカも貧者や困窮者の救済としての役割があるが、一般のムスリムで援助を求める人もサダカの対象となる。このように経済的相互扶助もモスクが窓口となっている。

サダカは、日本におけるモスク設立のための資金集めにも重要な役割をはたしてきた。喜捨する金額の多寡は関係ない。ムスリム個人がモスク開設のために自分の稼ぎのなかから自発的喜捨をおこなうことは、サダカという善行にモスクをつくるというムスリムとしての善行を重ねることになるのである。

サダカは、金銭的な喜捨だけでなく、「他人を助けるための時間や尽力、親切な言葉、病人の見舞い、知人の葬儀への参列、遺族への慰《なぐさ》めなど[22]」も含まれ、すべての慈善行為を意味している。例えば、現業労働者として働くムスリムが多い中部・東海地方には、職探しの仲介をおこなっているイマームがいるモスクもある。このようなイスラームとは直接関係のないと思われる行為も、サダカとしての行為であり、モスクがそのための窓口になっているのである。お互いに助け合うことは、イスラームの教えであり、モスクがその相互扶助の場となっている。そのほかにも、超過滞在で入管に摘発されたムスリムの母国の家族に送金をおこなったというサダカの事例も多数確認できる。[23]滞日ムスリムが直面するさまざまな困難に対処してくれるのは、モスクに集う同胞のムスリムたちなのである。

婚姻と葬儀

モスクはライフステージの各段階に対応した重要な機能もはたしている。代表的なものは婚姻であり、婚姻契約(結婚式)がモスクにおいてとりおこなわれる。日本の法制度において要求される婚姻届とは別に、イスラームにのっとって、ムスリムの証人臨席のもとでニカー(婚姻契約)と結婚証明書の発行がおこなわれている。イスラームへの入信手続きもモスクでおこなわれ、入信証明書が発行される。改宗ムスリムの結婚・巡礼・埋葬のさいには、この入信証明書が必要である。改宗した日本人ムスリムに対するサポートは基本的

22『岩波イスラーム辞典』「サダカ」の項目。
23 岡井宏文「イスラーム・ネットワークの誕生」(前掲論文),195頁。
24「新兄弟姉妹サポートプロジェクト」https://sites.google.com/site/loveallahskip/(2014年8月14日参照)。

には入信手続きをしたモスクでおこなわれるが、「新兄弟姉妹サポートプロジェクト」が日本人ムスリムによって立ちあげられ、インターネット上で勉強会を開催するなどの活動も開始している。[24]

ムスリムの葬儀もモスクでとりおこなわれる。ムスリムが死亡した場合、グスル(遺体の浄め)が近親者らによってモスクでおこなわれる。白い綿布で遺体を包んだあとに、できるかぎりすみやかに葬儀と埋葬がおこなわれることが望ましいとされている。日本社会の一般的な葬儀と大きく異なる点は、故人の遺影がないことと火葬をしないことである。都内のモスクでおこなわれた葬儀の進行をみると、まず、花束にかこまれた祭壇上の棺を前に、弔辞が述べられ、イマームが先導するジャナーザ礼拝(葬送の礼拝)が立ったままおこなわれる。その後、友人・知人たち参列者が献花をおこなって故人との別れを惜しんだのちに、棺は男性の親族や友人たちに担がれモスクを出て、埋葬のために霊園まで運ばれた。この葬儀では、その日のうちに約八〇キロ西方にある山梨県甲州市に運ばれ、日本ムスリム協会のイスラーム霊園に、白い綿布の死装束に包まれた遺体が聖地マッカの方角に顔を向けるかたちで土葬された。

ムスリムの場合、土葬が必須である。しかし、日本では土葬に対する法律上の制約や立地予定の地域住民の反対意見などがあって、簡単にはイスラーム霊園を整備できないとい

◀**東京ジャーミイにおける葬儀**
イマームが先導してジャナーザ礼拝がおこなわれている。故人の棺が花束でかこまれているが，遺影はおかれていない。

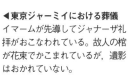

う事情がある。以前、大塚モスクが足利市にイスラーム霊園の建設を試みたが、報道によれば、地域住民の反対にあって、建設計画は中断を余儀なくされた。その後、同地の建設計画は中止となった。[25] 現在、ムスリムのための霊園として、山梨県甲州市に日本ムスリム協会の「イスラーム霊園」、北海道イスラミックソサエティ(札幌モスク)が北海道余市町に永代使用権を取得したイスラーム霊園、静岡県静岡市の「清水霊園イスラーム墓地」[26](ICJ協賛)、茨城県つくばみらい市にある日本イスラーム文化センター(大塚モスク)の谷和原霊園、茨城県小美玉市にあるマディーナ・モスクのMGIJ[27](Muslim Graveyard Ibaraki, Japan)の五つがある。イスラーム霊園は今のところ全国にこの五カ所だけで地域的な偏りもあるため、西日本での霊園開設が望まれている。関西では、大阪中央モスクによる大阪イスラーム霊園プロジェクト(和歌山県での開設予定)が進行中である。[28]

ハラール

ハラールとは、イスラーム法にのっとって「合法的なもの」、「許容されたもの」を意味しており、物や行為がハラールであるか否かはムスリムの日常生活にとって大変重要である。行為一般については、五行に代表される宗教的義務行為をおこない、ハラーム(詐欺や殺人などの犯罪的行為も含め禁止された行為)をおこなわず、ムスリム個人が自身を律して

25「イスラム教徒　永眠の地は」『朝日新聞』朝刊，2010年10月19日記事。「イスラム的アジアを行く」『朝日新聞グローブ』140号，2014年8月3日。
26 清水霊園イスラーム墓地 http://www.islam.co.jp/(2014年8月23日参照)。
27 MGIJ(ムスリム墓地) http://www.mgij.org/(2014年8月26日参照)。
28 Project of Osaka Muslim Graveyard, https://www.facebook.com/559928567374192/photos/pcb.828051583895221/828040550562991/?type=1 & theater(2014年8月14日参照).
29『岩波イスラーム辞典』「食文化」の項目。

通常の日常生活を送っているかぎり、大きな問題は生じないが、ある条件を具備したうえでおこなわれた行為でなければ、ハラールとならない行為もあり、その条件が日本社会においては整っていないケースとして、食の問題がある。

「ムスリムは食生活において調理・飲食に関するさまざまな規範を遵守する。（中略）食物の購入から食後にいたるまで、アッラーへの謝意や畏怖の念を常に意識し（中略）ムスリムの食生活はアッラーに対する信仰の真正性を具現する行為の一つである」といわれる。[29] 食するという行為は、物である食肉や飲食物を摂取する行為であるが、その物自体がハラールであるか否かが重要となる。ムスリムが豚肉と酒を禁止されていることは日本でもよく知られている。しかし、日本で生活するうえでとくに問題となるのはそのことではなく、イスラーム法にのっとって処理された食肉やハラールな加工食品を入手することが困難な場合である。

近年では、大都市部をはじめとして各地にハラール食品

◀▼日本ムスリム協会のイスラーム霊園（山梨県甲州市）

店が多数営業されており、国内産や輸入物のハラール肉や加工食品などの購入は容易になってきている。しかし、地方などでムスリム個人が日常的にハラール食品などを購入することが困難な場合には、モスクが共同購入などの方法をとおして、ハラール食品を確保することがおこなわれてきた。日立モスク・つくばモスク・小美玉モスク・福井モスク、四国や中部地方のムサッラー(一時的礼拝所)では、周辺のムスリムに対して、このような便宜がはかられてきたが、最近ではハラール食品のインターネット通販も増加しており、ムスリムにとって状況は好転している。

ムスリムにとって食は信仰行為に直結するもので、ハラールな物を食べることはイスラームの重要な教えであり、神とムスリムの関係性をあらためて確認する行為でもある。とりわけ断食月において、日没後の断食明けの食事をムスリム同士がともにすることは、ムスリム・コミュニティと神との関係を集団的に確認する行為といえる。このような食のとらえ方は、多くのムスリムに共通する認識であり、共食はムスリム同士の絆を深める役割もはたしている。またモスクはハラールに関する情報をパンフレットやインターネット上で提供して、滞日ムスリムの生活を支えている。ハラール食品のインターネット通販をおこなっているモスクもある。

しかし、ハラールな食の具体的な内容については、すべてのムスリムが同じように考え

30 小島宏・店田廣文編『第5回全国マスジド(モスク)代表者会議「日本のムスリム,食を語る」2013年2月10日』早稲田大学アジア・ムスリム研究所,2014年,20頁。
31 小島宏・店田廣文編(同上書),22頁。

ているわけではない。「日本ではムスリムとして食べ物の問題はまったくありません」というムスリムもいるし、ハラールな食に関して「私たちはここまで大丈夫」、でもほかの家では「うちはここまで大丈夫」というばらつきもあるのが現実である。[30] ミリンなど、酒の成分が入っている調味料も大丈夫というムスリムもいるし、絶対ダメであるというムスリムもいる。このようにハラールとの関わり方は実のところ多様で、ムスリム個人や家族の認識に委ねられているといえる。

ハラールが問題となる子どもの学校給食については、基本的には家族が対応しており、その取り組み方は多様である。ハラールを遵守しようとする場合、大まかに分けると、弁当持参で給食はまったく食べない子ども、給食は食べるが食べられないメニューについてだけかわりのものを持参する子ども、給食のうち食べられるものだけ食べる子ども、の三つのパターンがある。また学校あるいは給食業者側がアレルギー対応食と同じような扱いで、ムスリムの子どものためのハラール給食を用意するような事例や動きが地域によってはみられる。[31] 首都圏や福岡市での事例では、教育委員会が一律的に取り組むというより、それぞれの学校や出入りの業者による

◀▲JR新大久保駅近くのハラール・ショップの店内
多種多様な食料品のほか，食肉やそのほかの食品が入った冷凍庫が並んでいる。スマートフォンや携帯電話，ムスリム用の数珠なども販売されている。

取り組みによって対応されているケースが主である。なかにはムスリムの子どもだけに特別扱いはできないというような対応をする学校もあるようだ。これまで、給食問題は各家庭による学校側との話し合いによって対応されることが多かったが、通学するムスリムの子どもが増えてきた最近では、ハラールな食を確保するために学校側との交渉に率先して取り組もうとする福岡モスクのような事例もある。

モスクのムスリム・コミュニティにおける活動を、宗教・教育・相互扶助・婚姻と葬儀・ハラールの六つの側面からみてきたが、モスクを核としたムスリム・コミュニティの社会的活動は多岐にわたる。非イスラームの異郷で暮らすムスリムにとって、モスクは宗教的活動にかぎらず、生活全体にかかわる活動の拠り所であり、ムスリム・コミュニティの中心である。イスラームは信者の生活全般を規定する生活規範であるがゆえに、モスクは日本社会に暮らすムスリムの生活に必要な機能を充足するという役割も担い、滞日ムスリムの日本での生活にとって不可欠のものとなっている。滞日ムスリムによる、滞日ムスリムのための活動全般の拠り所がモスクなのである。

「定住」ムスリムの特徴

在留外国人統計の検討から、外国人ムスリムの四割強が永住者や日本人の配偶者等の在留資格をもって、日本に長期間にわたり定住しているものと考えられる(第1章参照)。やや古くなるが、首都圏の外国人ムスリムを対象としたアンケート調査の結果を援用して、彼らの特徴を摘記してみよう。[32] 回答者の年齢は、三〇歳代以上が九割を占め、平均年齢は四〇・二歳である。もともとの来日理由を聞いてみると、研究や海外赴任が六割近くになり、仕事を求めて来日したという理由は一割未満であった。来日時の斡旋業者の利用の有無についても確認しているが、利用した人は一割強にとどまっている。彼らの九割は既婚者である。月収は、二〇~四〇万円未満が三分の二を占め(平均月収は二八万円[33])、専門学校以上の高学歴者が八割近くに達している。職業は、自営業が三割、専門・管理職が四割と多いという特徴があり、現業労働は相対的に少ない。住宅は、戸建て・集合住宅の持ち家が二割弱、公団・民間の賃貸集合住宅が四分の三となっている。

ムスリムとしての生活をみると、信仰心が強くなったという人が五割をこえている。そこで「信仰心の変化」に関する回答を点数化して平均値を比較してみると、[34] 滞日年数二年未満で三・六点、二~五年未満で三・八点、五~一〇年未満で三・七点、一〇年以上で三・九点と信仰心が滞在年数の長期化にともなって、わずかでも強くなっていく傾向がみられる。「イスラーム規範の遵守」に関する回答を同じく点数化して比較してみると、[35] 例えば滞日年数二年未満の人は遵守の点数がやや高く(二・三点)、一〇年以上の人は低い点

32 早稲田大学人間科学学術院アジア社会論研究室『在日ムスリム調査』(前掲書)によって，滞日年数10年以上のムスリムの特徴を記した。該当する回答者は，全回答者数149名のうちの32名である。そのほかのカテゴリーとして，滞日2年未満，2～5年未満，5～10年未満がある。

33 国家公務員の平成25年平均報酬月額は，約32万円(平均年齢43才)である。総務省統計局，労働・賃金，http://www.stat.go.jp/data/nihon/16.htm(2104年7月2日参照)。

34「非常に強くなった」4点，「少し強くなった」3点，「変わらない」2点，「少し弱くなった」1点とした。

35「非常に厳密に」4点，「まあまあ厳密に」3点，「あまり厳密でない」2点，「気にしていない」1点とした。

Column #02

子ども教育とナシード(宗教歌)

日本社会に暮らす学齢期の児童・生徒および幼児期の子どもたちに対するイスラーム教育として、さまざまな試みがなされている。千葉県市川市の行徳モスクでおこなわれている週一回の行徳ムスリム親子週末学校「マドラサトゥ・アルワファー」(忠義塾)は二〇一〇年に始まり、通算すると一三〇回をこえる(二〇一四年五月現在)。現在では、毎週日曜日の午前中一時間半で実施されており、未就学児から高校生まで二五人ほどが集まっている。学習内容は、ナシード(イスラームの宗教歌)、クルアーン読誦練習と解説、短いハディース(預言者ムハンマドの言行を記録したもの)の解説、アラビア語学習、預言者伝の読み聞かせ、信仰実践の学習などである。

日常的な生活のなかで、宗教とほとんど縁がない生活をする周囲の子どもや大人たちの姿を目にしながら、ムスリムの子どもたちはイスラーム教育を受けるのである。この週末学校の塾長は、詰め込み式の暗記教育ではなく、わかりやすい日本語での解説やぬり絵など子どもたちが楽しく学べる工夫をして、ムスリムとしての自主性やイスラームへの愛着をはぐくむ教育をめざしている。その一つの試みが日本語版のナシードで、その歌詞は、おもに唯一神アッラーや預言者ムハンマドをたたえるものである。この週末学校では、アラビア語のナシードを翻訳したもの、塾長が作詞・作曲したナシードなど一一曲が使われ

◀ハディースのぬり絵をするムスリムの女の子

ている。ここでは、日本古謡を利用して、子どもたちにイスラームの信仰行為を教えている「ラマダーン（断食月）のうた」を紹介する。

「ラマダーンのうた」
（原曲：「さくら　さくら（日本古謡）」、作詞：アブー・ハキーム）
ラマダーン　ラマダーン　　バラカ（恵みや祝福）にみちた
楽しい　ひと月　　断食あとの
イフタール（断食明けの食事）嬉しいな　ラマダーン　ラマダーン
施しの月
ラマダーン　ラマダーン　　導きのもと
クルアーン（コーラン）の月　　礼拝も　手伝いも
善行十倍　　クルアーン　クルアーン
天国の鍵
（出典：『日本語によるイスラームの歌』行徳ムスリムファミリー週末学校「マドラサトゥ・アルワファー」（忠義塾）二〇一四年二月版、括弧内は筆者補足）

数となっている(二・〇点)。大きな違いではないが、滞日年数一〇年以上の人が、非ムスリム社会である日本との折り合いをつけた結果であろうか。一方で、「モスク等での礼拝」への参加については、滞日年数一〇年以上の人の七割が週に一回以上と回答しており、全体の平均とほぼ同じである。ここから、基本的な宗教的義務はほかのムスリムたちと同様にはたしている様子がうかがえる。

生活上の悩みや不安を聞いてみると、「子どもの教育」が最大の課題であり、ついで「将来の生活」があがっていた。前者については、既述のとおり滞日ムスリム・コミュニティにとって大きな課題であり、この調査では子どもをもつ世帯の過半数が「子どもの教育」を悩みや不安としていた。ちなみに、日本における総合的な生活満足度は「満足」とするものが八割、また日本の生活への適応度では「適応している」が九割近くである。それぞれの回答を点数化して滞日年数のカテゴリーごとに平均して比較してみると、生活満足度および適応度ともに、滞日年数一〇年以上の人がもっとも高くなっていた。とくに、適応度については、滞日年数が長いことの影響が顕著であり、適応度は高くなっている。これは、ムスリムとして日本での生活にはほぼ支障がないことを示している。

定住しているムスリムのプロフィールをまとめると、年齢は四〇歳くらいの既婚者であり、学歴は高く、職業は自営業または専門・管理職、収入は中程度である。信仰心はやや強く、イスラーム規範の遵守もまあまあ厳密におこなっており、モスクでの礼拝にも週一回以上は参加している。悩みは子どもの教育のことであるが、日本での生活への適応度や生活満足度が高く、全体として生活は安定しているムスリムの姿が浮かんでくる。

第4章　ムスリム・コミュニティの課題

コミュニティの変化

日本各地にモスクが建設されるようになって、二〇年以上が経過し、ムスリム・コミュニティには三つの大きな変化が生じている。この変化にともなってさまざまな課題が浮上しているのである。

第一の変化は、これまでにつくり上げてきた滞日ムスリム・コミュニティという共同体を、次世代に継承していかなければならない時期が迫っていることである。各地に設立されたモスクのなかには、草創期から意識の高いリーダーたちによって活発な社会的活動がおこなわれ、モスクはムスリム・コミュニティの中心としての集まりの場、精神的な拠り所になっているところが多い。しかし、草創期の主役となったムスリムもいずれは第一線を退く。彼らによって形成された、モスクを中心としたムスリム・コミュニティを、次世代にいかにして引き継ぐかという課題が各地で浮上している。これまでのモスクとムスリム・コミュニティは持続可能なのか、これまでの理念や意識はリーダー以外のムスリムにも共有されているのであろうか、草創期のリーダーがいなくなってしまったとき、これまでの社会的活動は継続していけるのであろうか。

二つ目の変化は、生涯日本で暮らしていく、あるいは暮らしていくことになるだろうと考えるムスリムの増加である。この変化をふまえた広義の教育に関する検討が必要になっている。かつては、日本は仮の住まいであると考えるムスリムが多かったが、日本人の配偶者をもつムスリムの増加や日本での暮らしを望むムスリムも増えている。これまで議論されてきた教育の課題は、日本人ムスリムを含む成人や子どもに対するイスラーム教育であったが、これからは、日本で生きていくムスリムの増加がもつ意義をふまえて、日本で社会人として生活していくムスリムのための広義の教育のあり方を、イスラーム教育を含めて考えていく必要がある。

三つ目の変化は、日本社会からは孤立して存在しているとみなされがちなモスクであるが、最近は日本社会との接触の増加が顕著であり、モスクや滞日ムスリムの側から日本社会やモスク周辺の人々との関わりを築こうとする試みが各地でなされていることである。言葉や文化の違いのために真意の伝わらないもどかしさ、熱意の空回り、偏見や差別なども感じるなかで、相互理解のためになされてきた試みや活動と、その今後の課題を滞日ムスリムと日本社会の双方の視点から考えてみたい。

これらの変化にともなう三つの課題を要約すると、(1)滞日ムスリム・コミュニティの継承、(2)次世代ムスリムの育成、(3)地域社会との関係構築であり、モスクと滞日ムスリム・コミュニティの持続的発展のための課題群である。第三の課題については次章で取り上げ、本章では第一・第二の課題に絞って検討する。第二世代が増加し、若いムスリムも日本社会の重要な一員となりつつある。日本において、将来のムスリムの諸活動が滞りなくなされ、ムスリムとしての生活がまっとうされるためには、コミュニティの中心であるモスクの持続的運営が必要である。そのための経済的課題と人的資源の課題が指摘されている。前者については、宗教法人化や社団法人化、施設の効率的事業化やワクフ(イスラーム社会における財産寄進制度)の活用が実施、あるいは検討されており、後者については、運営を担う人材の育成や強化が求められている。一九八〇年代半ば以降に来日し、その後定住化してきたムスリムの高齢化もせまり、一〇数年もすれば、滞日ムスリム・コミュニティの中核となる世代の交代が本格化する。これらの変化への対応を進めるためにも、全国のモスク相互のネットワーク構築がもう一つの課題となろう。

経済的課題と法人化

各地のモスクはおおむね活発に活動しているが、なかには活動全般が低調となっているモスクもある。礼拝施設としてだけでなく、ムスリム・コミュニティの中心として、滞日ムスリムの円滑な日常生活にとって不可欠な施設であるモスクの持続的運営のためには、第一に経済的課題への対処が求められる。モスクの恒常的な維持管理と運営の費用として、備品の購入・修繕費、建物の維持管理費、イマームへの謝礼、水道光熱費や固定資産税などさまざまな費用が発生する。普段の礼拝に参加するムスリムの喜捨などがその費用に充当されるが、不足しがちである。対策の一つとして、宗教法人化がある。法人名義での不動産登記が可能で、固定資産税や喜捨が非課税となり、事業収入の税制優遇などの利点がある。宗教法人には、神社・寺院・教会などのように礼拝の施設を備える「単位宗教法人」と、宗派・教派・教団のように神社・寺院・教会などを傘下にもつ「包括宗教法人」、単位宗教法人のうち包括宗教法人の傘下にある「被包括宗教法人」、傘下にない「単立宗教法人」がある。[1] なお宗教法人となった場合、会計年度ごとに所轄庁へ役員名簿・収支計算書・財産目録などの書類の写しを提出することが義務づけられている。宗教法人として活動を継続する場合には、法人規則に従ってモスク運営と各種の業務や活動を執行していくことが求められる。

1 文化庁「宗教法人と宗務行政」http://www.bunka.go.jp/shukyouhoujin/gaiyou.html (2014年3月14日参照)。

イスラーム関係では、二〇一四年六月現在、文部科学大臣所轄の三法人(それぞれの傘下に複数のモスクがある)および都道府県知事所轄の一四法人が宗教法人として実質的に活動している。[2] 前者の三法人が、一九七八(昭和五三)年に認証された東京都の日本イスラーム文化センター、愛知県名古屋市の名古屋モスク(二〇〇二年認証)、群馬県伊勢崎市所在のダル・ウッサラーム(二〇一〇年認証)である。日本イスラーム文化センターは、東京都豊島区の大塚モスクに本拠があり、栃木県の足利モスク、茨城県の日立モスク、鳥取県の鳥取モスクがその傘下にある。[3] 名古屋モスクは、岐阜モスクを傘下にもっている。ダル・ウッサラームの本拠は境町モスクにあり、傘下には神奈川県の海老名モスクをはじめ、九のモスクが存在していると考えられる。

都道府県知事所轄の一四法人はいずれも単立宗教法人としてモスクを運営しているが、もっとも早く法人格を取得したのは神戸モスクであり、一九五五(昭和三〇)年のことである。東京ジャーミイの法人認証は二〇〇三年であり、そのほかの一二法人が認証されたのは、二〇〇七年以降と比較的最近のことである。以上のモスクを運営している宗教法人のほか、既出の日本ムスリム協会(一九六八年認証)とICJ(一九八〇年認証)がムスリム向けの団体として活動し、宗教法人として認証されている。

法人制度を利用したもう一つの対策は、一般社団法人格の取得である。この法人格は、

2 本書では，モスクなどの法人化の現状を確認するため，法人登記関係の公開資料を参照して，登記情報の把握に努めた。同資料にはモスク関連の「個人情報」も多数含まれているため，ここでは資料の詳細などはいっさい明記しないこととした。

3 同センターは，鳥取モスクの整備状況について報告している。「(2014年)2月28日，日本イスラーム文化センターは，鳥取マスジド建設のための土地と建物を購入しました。寄付金として余った5,441,117円は，建物のリフォームに活用していきたいと思います」(@otsukamasjid, 2014年3月11日ツイート，3月14日参照)。

No.	モスクなどの名称	宗教法人種別	所轄庁	登記年
1	札幌モスク	単立宗教法人	北海道知事	2011
2	小樽モスク	単立宗教法人	北海道知事	2013
3	つくばモスク	単立宗教法人	茨城県知事	2012
4	日立モスク	*		
5	足利モスク	*		
6	境町モスク	単立宗教法人	文部科学大臣	2010
7	桐生モスク	*		
8	館林サラマットモスク	*		
9	八潮モスク	単立宗教法人	埼玉県知事	2007
10	一ノ割モスク	*		
11	所沢モスク	*		
12	日向モスク	*		
13	大塚モスク	単立宗教法人	文部科学大臣	1978
14	日本ムスリム協会	単立宗教法人	東京都知事	1968
15	東京ジャーミイ	単立宗教法人	東京都知事	2003
16	イスラミックセンター・ジャパン	単立宗教法人	東京都知事	1980
17	お花茶屋モスク	*		
18	海老名モスク	*		
19	新潟モスク	単立宗教法人	新潟県知事	2008
20	新潟第2モスク	単立宗教法人	新潟県知事	2011
21	富山モスク	単立宗教法人	富山県知事	2010
22	各務原モスク	単立宗教法人	岐阜県知事	2010
23	岐阜モスク	*		
24	富士モスク	*		
25	名古屋モスク	単立宗教法人	文部科学大臣	2002
26	新安城モスク	*		
27	京都モスク	単立宗教法人	京都府知事	2008
28	大阪茨木モスク	単立宗教法人	大阪府知事	2012
29	神戸モスク	単立宗教法人	兵庫県知事	1955
30	鳥取モスク	*		
31	福岡モスク	単立宗教法人	福岡県知事	2012
32	別府モスク	単立宗教法人	大分県知事	2010

▲全国の宗教法人（イスラーム関係団体）

資料：文化庁『宗教年鑑　平成24年版』そのほかの公開資料より筆者作成。

(注) *印のモスクは文部科学大臣所轄の宗教法人の傘下にあると考えられる。詳細は本文参照。14・16は，モスクではないが，宗教法人格をもつイスラーム団体。

No.	モスクの名称	登記年
1	仙台モスク	2007
2	埼玉モスク	2010
3	御徒町モスク	2009
4	蒲田モスク	2013
5	福井モスク	2008
6	坂城モスク	2002
7	春日井モスク	2007
8	三重モスク	2005
9	大阪中央モスク	2009
10	岡山モスク	2008
11	東広島モスク	2008
12	徳島モスク	2008
13	熊本モスク	2012
14	鹿児島モスク	2008

▲全国の一般社団法人（イスラーム関係団体）

資料：各モスクのウェブサイト，公開資料，モスクでの聞き取りなどより筆者作成。

福祉・文化・環境保全・ボランティア・学会・社会貢献などを目的とする非営利の民間活動団体が取得可能で、イスラームの宗教的活動も対象となる。法人格の取得は、本制度にそった定款の作成と公証人の認証をへて法務局に登記することにより完了し、主務官庁による許可は不要である。一般社団法人は通常では全所得に対する課税がおこなわれるが、非営利型の一般社団法人であれば、収益事業についてのみ課税となることからモスクを運営する法人にとって利点は大きい。法人名義の不動産に対する固定資産税などの有無、宗教法人と一般社団法人の名称の違いによる社会的承認の度合いや、霊園運営などの宗教的事業活動をおこなう場合の課税の有無など、宗教法人と一般社団法人では差が出てくることもあると考えられるが、当面の活動に大きな不利益は生じないであろう。

一般社団法人である岡山・広島・熊本の各モスクでは、賃貸アパート事業をおこなっており、家賃収入を維持管理費に充当しているようだ。一般社団法人の場合は非営利型であっても収益事業は通常課税とされる。家賃収入は課税になるが、法人のメンバーである社員が支払う会費や寄付金であれば収益事業以外の収入として非課税である。

二〇一四年六月現在、一般社団法人格を有するのは、三重モスク・岡山モスク・熊本モスクなど一四法人にのぼるが、三重モスクではすでに宗教法人化をめざして活動している。「一般社団法人及び一般財団法人に関する法律」は二〇〇八年に施行されているが、それ以前に中間法人として法人格を有していたモスクも含まれており、もっとも早い例としては坂城モスク(二〇〇二年登記)がある。全部で七つのモスクが中間法人であったが、本法律施行後、すべて一般社団法人に移行している。宗教法人の認証手続きが煩瑣《はんさ》なことや、認証までに数年かかることを考えれば、まず一般社団法人格を取得することは当面の選択肢として有用である。しかし、宗教法人のほうが一般社団法人と比べると、事業収入や不動産への非課税という経済的な利点があることは前述した。さらに、国内のみならず、海外の政府や諸組織に対する社会的信用の証しという点でも、イスラーム関係者の海外からの招聘《しょうへい》や海外のイスラーム組織との連携などにさいしてもより有用であるといえる。いずれにしても、これらモスクについても宗教法人格を有することになれば、モスク運営にとってより有利であると考えられる。

現在、文部科学大臣所轄の宗教法人傘下にあると考えられるモスクを含め、宗教法人が所有するモスクが三一、一般社団法人が所有するモスクが一四であることを勘案すれば、法人制度の積極的な利用はかなり浸透しているように思われる。しかし、日本社会における法人制度や団体運営のノウハウがモスクの運営者たちに共有されているとはいえず、まだモスクに関わる不動産の個人名義での登記も各地でみられる。経済的課題の解決のためにも、法人制度の積極的活用の検討が望まれる。

経済的課題とワクフによるモスク支援

宗教法人化や一般社団法人化が日本の制度を利用した試みであるとすれば、イスラーム社会のワクフという制度を日本社会で活用しようとする動きもある。ワクフとは、ムスリムの私財を運用してえられる事業収益を、モスクなどの維持管理費に充当するという財産寄進制度である。なんらかの収益を生む私財の所有者が、そこからえられる収益をある特定の慈善目的(モスクやマドラサという教育施設の運営など)にあてるため永久に私財の所有権(または所有権を行使する権利)を放棄するというイスラーム法上の行為である。設定された財源、ならびにその運営組織を指してワクフという場合もある。設定される財源としては都市不動産がもっとも一般的であり、ワクフの対象は宗教施設の運営や貧者への施しといった慈善行為など「イスラーム的な善行と認められる」ものである。

ワクフはイスラーム社会全般にみられる制度で、北アフリカではハブスという。現在、各国では国家機関であるワクフ省や宗教省などがワクフ管理をしている。[4] ヨーロッパ諸国にあるムスリム・コミュニティでは、ワクフ財源によるモスク建設やモスク運営、イスラーム教育などもおこなわれている。[5] 日本でも特定の不動産などをワクフ財源として設定して、ワクフ対象をモスク建設、モスクの運営、イスラーム学校建設などの費用にあてることも可能であろう。経済的課題解決のために、日本社会の制度上でどのような仕組みを構

4 『岩波イスラーム辞典』「ワクフ」の項目。

5 パリの大モスクに関して,「モスクを運営するための伝統的な寄進の制度「ハブス」(正則アラビア語でワクフ)も,このモスク建設とともにフランスの承認の下で整備されていった」という。松原康介『フェスの保全と近代化——モロッコの歴史都市』学芸出版社, 2008年, 171頁の記述に関する講演記録より。http://www.gakugei-pub.jp/mokuroku/book/5290fes/col6.htm(2014年6月17日参照)。

築するのか、財団法人制度なども含めて検討すべき課題である。

日本社会ですでにワクフを利用する試みが検討されているとの情報もあり、近いうちに実現する可能性もあると思われる。実のところ、戦前に設立された神戸モスクでは、設立当初からワクフを利用したモスク運営がすでにおこなわれていたともいわれる。[6] たしかに神戸モスクに関する資料には、家屋を購入し、その賃貸などによる収益をモスクの維持管理費にあてるとする記述もある。[7] ただ、これがイスラーム社会本来のワクフ制度に準じた制度として実施されていたのかどうかは不明である。

人的資源の課題とモスクを担う人々

モスクには施設運営の長であるアミール、礼拝を先導する導師としてのイマームが所属しているケースが多いが、[8] 日本のモスクではイマームを海外から一定期間招聘していることもまれではない。宗教法人化されている場合は、宗教法人法において法人としての責任役員三人以上（うち一人は代表役員）の設置が明記されており、責任役員が法人運営の中心的役割をはたすことが規定されている。[9] その規則に従ってモスク運営をおこなうとなれば、責任役員が中心となってモスクの社会的活動全般を統括することになるし、議決機関をおいた場合は、役員以外のムスリムとも協力しながら運営がおこなわれる。

6 福田義昭「神戸モスク建立」『アジア文化研究所研究年報』45号，2010年，43頁。

7『The Kobe Muslim Mosque Report 1935-6 神戸モスリムモスク報告書』，1936年，5頁。

8 イスラーム社会であれば，礼拝を呼びかけるムアッズィンもいる場合が多い。

9「宗教法人法」第18条。

一般社団法人の場合、法人としての理事一人以上(複数の場合は代表理事)が義務づけられているが、理事会の設置はかならずしも必要としない。法人を構成するメンバーは社員と呼ばれ、社員総会が議決機関となって理事の選任をおこない、法人の意思統一がはかられる。熊本モスクは一般社団法人熊本ムスリム協会として、代表理事や複数の理事をおき、理事会に相当すると考えられる「シューラ・ミーティング」(評議会)を設置しており、国別の構成メンバーによる協議にもとづくモスク運営をおこなっていることが報告されている。

法人として組織されたモスクで、日常的に運営にたずさわるムスリムは、諸活動全般に目を配る管理運営能力に加えて、日本社会の諸制度からの要請に対応する事務的能力も必要である。また、日本社会との関係構築が進むほど、地方自治体や町内会・自治会など地域社会の諸団体との交渉ごとも多くなるので、日本社会の慣行や文化を熟知している日本人ムスリムの役割も大きくなる。しかし、ボーン・ムスリムでなければ対応できないような業務など、モスクには多種多様な業務があることから、外国人・日本人を問わず熱意をもったムスリムの関わりが必要である。

人材の必要性は、モスク運営だけではない。とりわけ現在不足しているイスラーム教育を担える専門的人材も必要である。将来の日本のイスラームということを考えれば、国籍に関係なく、日本語でイスラームを語り、教育することができる人材が必須である。そうした人材、例えば日本人のイスラーム法学者の養成に成功した場合でも、彼らの経済的自立を確保したうえで、滞日ムスリム・コミュニティに貢献できるような環境を整える必要があり、そのためにも「ワクフ制度」を利用すべきであるという声もある。[10]

モスク設立が増加しはじめた一九九〇年代から二〇年以上がたっており、主要なモスクで中心となって活動しているムスリムの「プレーヤー」(指導層)がほとんど変わっていないという指摘がされている。[11]近い将来、現在の運営担当の人々の高齢化とそれにともなう世代交代は必然であり、後継者育成と運営ノウハウの継承が必要である。留学生を中心とした運営をおこなっているモスクでは数年ごとに世代交代しているという見方もできるが、定住したムスリムが中核となっているモスクでは、第二世代以降への継承が求められる。勉強会の場をつうじて、モスクが教育機能をはたしていることは前述したが、将来のモスクを担う人材を補充していくというリクルート機能も重要である。将来を担う子どもたちの世代から人材が出てくるためにも、外国人・日本人を問わずロールモデルとなるような、滞日ムスリムの活躍する姿が望まれている。要は組織と運営システムの制度化をはかるとともに、その共有あるいは継承をいかに確保していくかが大切である。

宗教法人である大塚モスクでは、すでに事務局に若い世代を取り込んで将来の世代交代

10 店田廣文・岡井宏文編『全国モスク代表者会議Ⅲ』(前掲書),40～41頁。

11 早稲田大学で開催された「第6回マスジド(モスク)代表者会議」(2014年2月9日)での発言。

に備えている。これまでのムスリム男性を中心とした運営に、ムスリム女性（ムスリマ）の力を取り込んでいくことも重要な選択肢になりつつある。とりわけ近年、活動が活発なモスクでは、日本人ムスリム男性の活躍も目立っているが、日本人のムスリマが運営の核として機能する場面も増加しており、いずれも日本社会との「付き合い方」を知っていることは有利である。

モスク・ネットワークの構築

モスクは国籍や人種に関わりなく、すべてのムスリムに開放されているが、日本のモスクは、決して一枚岩ではない。主義主張の異なるモスクがあり、設立の経緯からみてもJIT系、ICOJ（イスラミック・サークル・オブ・ジャパン）系、タブリーギー・ジャマート系、留学生系、独立系などに分類可能であり、主たる設立者の国籍の特徴や礼拝に集まってくるムスリムの国籍の多寡によっても分類できよう。これまでは日本のモスクおのおのを、それぞれコミュニティの中心という性格を有する組織としてとらえてきたが、見方を変えれば、日本のモスクは多様なモスクの寄せ集めである。極言すれば、一〇〇近い国籍のムスリムが滞日ムスリム・コミュニティを構成していることにも象徴されるように、バラバラの特徴をもったモスクが各地に存在しているという言い方もできなくはない。[12]

[12] シーア派のモスクについては調査をおこなっていないため，本書では紹介していない。インターネット上を検索すると，埼玉県三郷市と茨城県常総市にそれぞれモスクが存在するようである。http://www.azadarijapan.com/（2014年8月23日参照）。「イスラーム系の新宗教」とも評されるアフマディーヤ教団の信者なども滞日している。http://www.ahmadiyya.jp/（2014年8月23日参照）。

これら多数のモスクを統合するモスク・ネットワーク構築という課題も、二〇〇九年に全国の各地方にもれなく複数のモスクが開設されたことを契機にして、あらためて表舞台に出てきた。日本のイスラームの将来を展望する日本人ムスリムの一人が、その後のモスクの増加も見通しつつ(二〇〇九年末に六三のモスクがあり、二〇一三年末には七五となった)、モスクやムスリム間の情報共有や、諸活動の協同をめざした全国モスク・ネットワークをＩＣＪ総会で提案した。ほぼ時を同じくして、二〇〇九年二月に早稲田大学で開催された第一回全国モスク代表者会議には、主義主張の異なる「国内のリーダー」(モスク代表者)が集まった。「本来イスラーム団体がおこなうべきもの」であったにもかかわらず、中立的な立場にあった早稲田大学の呼びかけは滞日ムスリムのリーダーたちが一堂に会する場を用意した。滞日ムスリムからみても日本のモスクの要《かなめ》となるような諸団体の代表者が参加したこともあり、[13]日本におけるムスリム・コミュニティの将来構想に関連するモスク・ネットワークを再考する契機となったとも考えられる。

前述したが、日本のモスク間には小規模ながらネットワークはすでに存在する。「全国モスク調査」と登記関係の公開資料から収集された情報によれば、日本におけるモスク間のネットワークは、われわれの想像以上に展開している側面もある。ＪＩＴ系では、大塚モスクを核に、足利モスク・日立モスク・鳥取モスクが宗教法人としての繋がりをもち、

[13] 新居浜モスク代表者の浜中彰氏の評価。「第1回マスジド代表者会議」http://www2.dokidoki.ne.jp/islam/photo/09waseda.htm（2014年5月14日参照）。

設立と運営にあたっては経済的支援やノウハウの提供がおこなわれ、諸活動での連携もある。

ＩＣＯＪ系は、いずれも法人格は有しないが、行徳モスク・浅草モスク・館林モスク・小山モスク・水戸モスク・鹿沼モスクが連携しており、設立と諸活動での協力関係が存在し、ＩＣＯＪがジャパン・モスク・ファウンデーションを組織内に有して、既存の六つのモスクの管理運営にあたっている。さらに、タブリーギー・ジャマーアト系では、境町モスクを核に、桐生モスク・館林サラマットモスク・一ノ割モスク・お花茶屋モスク・海老名モスク・新安城モスク・日向モスク・富士モスク・所沢モスクが連携しており、定期的な会合や、「布教」活動での拠点として、各地のモスクが利用されている。[14]

また留学生が中心となって設立されたモスクは、札幌モスク・仙台モスク・つくばモスク・埼玉モスク・富山五福モスク・岡山モスク・東広島モスク・島根モスク・福岡モスク・別府モスク・熊本モスクなど、多数にのぼる。これらモスクのネットワークがあるわけではないが、各地のムスリム留学生組織を束ねるＭＳＡＪ[15]（ムスリム・スチューデント・アソシエーション・ジャパン）をつうじて、繋がっているとみなすこともできる。国内のモスクは、多様性に富んでおり、モスク間のネットワークや活動の連携はあるにしても、現在のところ、全国すべてのモスクを包括するようなネットワークがあるわけではない。

14 2006年時点では，これらモスクのうち6モスクが盛んに活動していることが報告されている。岡井宏文「イスラーム・ネットワークの誕生」（前掲論文），196～202頁。

15 1960年設立。現在，33団体が加入している。http://www.msaj.info（2014年7月8日参照）。

二〇〇九年の構想では、日本社会にあるすべてのモスクを結ぶ団体協議会という組織形態や、地域別に拠点となるモスクを設定する積み上げ型のネットワークづくりが取り上げられ、モスク相互の実質的な協力・協同関係の構築が提案されている。二〇一〇年の全国モスク代表者会議の場では、情報の共有や意見交換のためのネットワークを考えるだけでなく、将来のムスリム・コミュニティのための指導者教育をはじめ、成人ムスリムの教育、集団礼拝時の説教や入信証明の発行基準の統一化、入信者への講習会、冠婚葬祭時の実技講習会、日本の地域社会との良好な関係構築など、具体的な課題が議論された。その上で、ほとんどのモスクがかかえる課題について対応する方策を協同して作成し、必要な情報や具体的な活動要領を共有できるようなモスク・ネットワークを構築することも話しあわれた[16]。

一方、モスクの系列いかんにかかわらず全国のモスクに結集を呼びかけることができる既存の組織も存在する。ＩＣＪや、全国各地に居住する日本人ムスリムを主たる会員として活動している日本ムスリム協会がある。前述したモスク・ネットワーク構想の提案は、二〇〇九年六月のＩＣＪ総会では全会一致で賛同がえられたという。しかし、二〇一四年初めにいたるも、その後の具体的な動きはみられない。滞日ムスリムの多様性やネットワークの必要性についての考え方の違い、とりわけ外国人ムスリムのあいだにネットワーク

[16] 2010年3月開催の第2回全国モスク代表者会議でモスク・ネットワークに関する議論がおこなわれた。滞日ムスリムの語法に従えば，正確には「マスジド・ネットワーク」である。店田廣文・岡井宏文編『全国モスク代表者会議Ⅱ』早稲田大学人間科学学術院アジア社会論研究室，2010年，63～83頁。

不要論があることも影響しているようだ。

　モスクの持続的運営のため、経済課題への対処として宗教法人化・一般社団法人化やワクフ制度の利用、また、人的課題への対処として運営者・指導的人材などの後継者養成について検討してきた。そして日本におけるモスクの持続性全般に寄与する方策の共有や、日本のイスラームそのものの発展に資するものとしてのモスク・ネットワークについても紹介した。これまでのモスクは、どちらかといえば、内向的な活動が主であったが、今後は日本社会に開かれた外向的な活動を主とする時代に向かいつつある。その意味でもモスク・ネットワーク構築は、将来の滞日ムスリム・コミュニティの安定と定着に寄与すると考えられる。

第5章　日本社会とムスリム・コミュニティ

日本人住民のイスラーム認識

各地に開設されるモスクと定住して生活するムスリムの増加は、非ムスリム社会との接触の増加をもたらしている。モスクやムスリム・コミュニティは、地域から孤立した存在ではない。普段は地域のなかにあって平穏に共存しているが、時には日本人や地域社会とのあいだに軋轢《あつれき》を生ずることもあるし、時には協働して地域活動をおこなうこともある。良きにつけ悪しきにつけ日本社会の一員としての存在感を増しつつあるのである。モスクは、ムスリム・コミュニティの中心として諸活動をおこなうだけでなく、地域社会との関係構築にあたっても重要な窓口である。日本社会における持続的な地域活動は、これからのモスクにとって重要な課題であり、滞日ムスリム自身も「地域社会を大切にすることは宗教的義務である」として良好な関係構築を重視している。

それではモスク周辺の地域社会や日本人住民は、イスラームやムスリムに対して、どのような認識や態度を示しているのだろうか。岐阜市・富山県射水市・福岡市それぞれのモスク周辺の地域住民を対象に、二〇〇九～一二年にかけて実施されたイスラーム・イメージに関するアンケート調査結果[1]によると、イスラームに対する地域住民の認識にはいずれの地域でもネガティブな回答の傾向がみられた。例えば福岡市調査では、「イスラム教は寛容な宗教である」と思う人は八％、「平和を重んずる宗教である」と思う人は二二％、ついで、「イスラム教は過激な宗教である」と思う人は六三％などであった（各々について「とてもそう思う」「ある程度そう思う」と回答した人の合計。詳細は報告書を参照）。

「イスラム教やイスラム教徒と聞いて、どのような印象（物事）」を思い浮かべるかという問いの自由回答には、三人以上の回答者が思い浮かべた印象（物事）として、別表のように、「信心深い」から「伝統」まで三七項目が確認された。また地域住民が「イスラム教に関わる情報で、よく耳にする内容」および「イスラム教に関する情報源」についての回答によると、前者では、「紛争や事件」五一％、「歴史や文化」一四％、「政治」一〇％、「教え」（教義）一〇％がおもなものであり、後者（複数回答）では、圧倒的に「テレビ」八〇％、「新聞」三六％、ついで「本や雑誌」と「インターネット」がそれぞれ二六％であった。

自由回答の三七項目をみると、一般教養的知識とネガティブな項目が混在していること、いわば自分自身の言葉で語られるような「感情」や「印象」に関する回答項目が少ないこ

[1] 店田廣文・岡井宏文編『外国人に関する意識調査・岐阜市報告書』早稲田大学人間科学学術院アジア社会論研究室，2011年。店田廣文・石川基樹・岡井宏文編『外国人に関する意識調査・射水市報告書』同上，2012年。同編『外国人住民との共生に関する意識調査・福岡市報告書』同上，2013年。

[2] OKAI Hirofumi, "Non-Muslim Japanese Residents' Attitudes toward Islam and Muslims —— A Case Study of Fukuoka City", Organization for Islamic Area Studies, Waseda University & Asia-Europe Institute, University of Malaya (eds.) *Islam and Multiculturalism: Coexistence and Symbiosis,* 2014, pp.139-150.

とがわかる。また、「過激な宗教」などネガティブな回答への偏りと情報源としてのマスメディアの強さがリンクしていることがうかがわれる。福岡市調査の場合、モスク認知度は四八%と決して低くはないが、モスク訪問経験者はわずか四%、「ムスリムの知人がいる」あるいは「ムスリムとなんらかの関わり合いがある」地域住民は一〇%程度である。ムスリムやモスクとの直接的接触や交流がほとんどないままに、イスラームやムスリムに対するイメージが形成されている傾向があり、二〇〇一年の九・一一同時多発テロや「イスラム武装勢力」などのイスラームとテロなどを結びつける言い回しが頻出するマスメディアの報道が大きく影響しているといえる。[2]

モスク建設反対運動

イスラームやムスリムに対するネガティブなイメージや偏見は、国内各地に観察されるものと考えられるが、滞日ムスリム人口が全人口の〇・一%未満と少なく、日常的にムスリムと地

順位	回答内容	回答数	全回答数に占める割合
1	信心深い	100	13.8%
2	厳しい－厳しそう	64	8.8%
3	食事制限	61	8.4%
4	排他的	49	6.8%
5	戒律	44	6.1%
6	お祈り	38	5.2%
7	過激－過激派	34	4.7%
8	テロ	30	4.1%
9	こわい	29	4.0%
10	男尊女卑	25	3.4%
11	断食	23	3.2%
12	忠実－盲目	23	3.2%
13	民族衣装	22	3.0%
14	アッラー	20	2.8%
15	まじめ	17	2.3%
16	女性服装	16	2.2%
17	女性	13	1.8%
18	アラブ－アラビア	11	1.5%
19	戦争－紛争	11	1.5%
20	多い	11	1.5%
21	まとまりがある	10	1.4%
22	コーラン	10	1.4%
23	おとなしい	9	1.2%
24	近寄りがたい	6	0.8%
25	なじみがない	5	0.7%
26	集団で	5	0.7%
27	目には目を	5	0.7%
28	礼儀	5	0.7%
29	一夫多妻	4	0.6%
30	素朴	4	0.6%
31	ひげ	3	0.4%
32	カッコイイ	3	0.4%
33	メッカ	3	0.4%
34	家族思い	3	0.4%
35	危険	3	0.4%
36	親子で	3	0.4%
37	伝統	3	0.4%

▲イスラームと聞いて思い浮かべる「物事」や「印象」

(注)網をかけた項目は，ネガティブな物事や印象。項目名称は一部変更した。

資料：岡井宏文「自由記述データを用いた地域住民におけるイスラーム・ムスリム意識の分析——福岡県福岡市調査の事例より」日本中東学会第29回年次大会研究発表(於：大阪大学)，2013年5月12日。

域住民との接触も少ない日本では、モスク建設そのものに反対する動きはまれである。これまでのモスク開設の過程では、地域住民が気づかないままに、近隣のビルや一軒家がいつのまにかモスクになっていたという事例が多いと思われるが、近年のモスク設立にさいしては、ムスリム側が無用の混乱を避けるために事前に地域社会と話し合いをおこない、合意をえてから建設や購入物件の改築に取りかかる例が多い。しかし、地域社会に対してモスク開設計画を公表すること自体が反対運動を招来しているところがあることも事実である。「迷惑施設」でもなく、また直接利害関係があるわけでもないし、ムスリムにとって必要な宗教施設であることがたとえ理解できるにしても「来てほしくない」、いわゆるNIMBY(Not In My Back Yard＝自分の裏庭につくられるのはごめんだ)に相当する施設として拒否反応がみられる。

モスク用物件購入において、住民の反対にあって断念した国内で初めてのケースとなったのは、岡山市のケースといわれる。[3] 一九八九年に結成された岡山ムスリム学生協会が、一九九一年から資金を集めはじめ、二〇〇四年にいったんモスクとなる物件の購入がほぼ決定したが、購入寸前で住民の反対にあい頓挫したという。しかし、その四年後の二〇〇八年に岡山大学津島キャンパスに隣接したアパート物件を購入し、改装後の二〇〇九年に岡山モスクが開設された。同モスクは地元住民に配慮した運営を掲げ、開設式典では近隣

3「イスラムのホームページ」http://www2.dokidoki.ne.jp/islam/benri/m_okayama.htm (2014年5月11日参照)。以下の記述も，このウェブサイトからの情報である。マスジドをモスクとするなど，一部表現を変更している。

女性の挨拶もあるなど、地域社会との合意をへて開設にいたったのである。

二〇〇五年に福岡モスクの建設予定が明らかになったときには、異質なものに対する不安、紛争や宗派間対立などイスラームに対してネガティブ・イメージをいだく地域住民から反対の声があがった。建設予定地は、JR箱崎駅周辺の区画整理による土地公売に九州大学ムスリム学生会が応募して落札したものであった。誠意をもって交渉にあたったムスリム留学生や日本人ムスリムが、地元自治会と一〇数回にわたる話し合いをおこない、その間、地域住民のために九州大学での集団礼拝の見学会をおこなうなどして、最終的には地元自治会からの建設合意をえるにいたった。また交渉の途中で、地元自治会は住民の不安解消のために公安警察への問い合わせまでおこなったという。福岡モスクの設計は日本人建築士がおこない、周辺の地域環境に配慮したデザインが採用されている。

二〇一一年に始まった金沢市内のモスク建設に対しても、新聞報道によれば「なじみがない」「騒音などが心配」という声に加えて、テロや過激派と関連づけた反対の声もあったが、地元町会との一年間にわたる協議をへて、二〇一二年に建設の合意をえている。[4]福岡モスクの場合も含め、地元との協議の過程において、日本人ムスリムの活躍があったとのことである。日本社会に対して「開かれたモスク」をつくろうとすれば、このように建設前から地域社会との地道な折衝が必要である。

4「モスク計画　地元反発」『読売新聞』朝刊(地方版，ヨミダス歴史館)，2011年10月4日記事。「石川ムスリム協会——モスク建設計画で合意」『毎日新聞』(地方版)，2012年8月23日記事。

二〇一四年六月の新聞報道によると、富山県に二つ目のモスクが開設された。もともと富山大学五福キャンパス近くにムサッラーがあり、留学生を中心とした宗教活動がおこなわれていたが、富山モスクのメンバーによる支援も受けながら二〇一二年にモスク開設が計画された。[5] しかし住民による「反対署名」を受けて、建設を中止していたという。その後の詳細な経緯は不明だが、警察や行政側と相談を重ね、二〇一四年六月に「留学生と地域住民が交流する「富山ムスリムセンター」」という名称でモスクが開設された。記者の取材によれば、地元町会の男性は「今月(六月)中旬に聞いた。寝耳に水」と話しており、地元町会との事前協議がおこなわれていたのかは不明であるが、その後、町内会側の代表者を招いて、話し合いがおこなわれている。[6] 今後の良好な関係構築のためには、地元との交流をこれからも積極的にはかっていく必要があろう。

地域社会との関係構築

モスクは、ムスリム・コミュニティの中心として内向的な諸活動をおこなうと同時に、地域社会との対外的な関係を構築するにあたっても重要な窓口である。モスクにより対応は異なっているが、地域の一員として地域活動に積極的に取り組んでいるところもある。ムスリム側が日本人のネガティブなイスラーム観・ムスリム観に焦燥感をいだき、日本社

5「五幅ムソッラー」http://islamcenter.or.jp/life-in-japan/masjid-in-japan/hokuriku/(2014年5月11日参照)。「モスク建設計画浮上　富山・五福　住民1日反対集会」『北日本新聞』(北日本新聞社Webun), 2012年11月29日記事。

6「イスラム教知って　富大留学生　あす交流施設開設」『北陸中日新聞』(CHUNICHI Web), 2014年6月27日記事。「イスラム学生による交流施設富山に　住民訪れ意見交換」『中日新聞』(CHUNICHI Web), 2014年7月1日記事。

会との良好な関係をめざす動きは一部で活発におこなわれている。地域社会で共存して平穏に生活するためには、相互理解は不可欠である。イスラームに対するネガティブなイメージが根強いことは、滞日ムスリムはいうにおよばず、イスラーム社会と日本社会の双方にとっても、決して望ましい状態ではない。「近所を大切にすることは信者の義務である」というハディースを引用するムスリムもいる。[7] 多くの滞日ムスリムには「ありのままの自分たち」を伝えたいのに伝わらないというジレンマがあり、ムスリム側から架橋の試みが始まっているのである。

架橋の試みの一つにインターネットを利用した情報発信がある。国内のイスラームに関する情報発信は、いわゆるポータルサイトといわれる情報の入り口を有する静的なウェブサイトが代表的である。このほか、ブログやフェイスブック、ツイッターなどがあり、モスクをはじめさまざまなイスラーム団体や活動グループ、ムスリム個人などにより開設されている。日本のイスラームに関するウェブサイト（例えば「イスラムのホームページ」）、日本人ムスリム女性の活動を紹介するウェブサイト、投稿サイトや掲示板など多様である。[8] 二〇一三年末現在、ウェブサイトを開設しているモスクの数は約三六である。モスク全体の半数に満たず、決して多いとはいえない。また掲載項目や内容の充実度も千差万別で、英語だけのウェブサイトもあるなど、地域社会をターゲットにしているとは思えないもの

7 以下のハディースには，「隣人への思いやり」という項がある。牧野信也訳『ハディース――イスラーム伝承集成』（第5巻）中央公論新社，2001年，312～313頁。

8「イスラムのホームページ」http://www.dokidoki.ne.jp/home2/islam/。そのほか，多数あり，紹介はしきれない。女性の会については，下記文献の「女性の勉強会」と「インターネット講座」の項を参照。河田尚子編著『イスラームと女性』国書刊行会，2011年，34～45頁。

も少なくない。しかし、なかには日本語でも作成され充実した内容をもつウェブサイト(東京ジャーミイ・大塚モスク・名古屋モスク・新居浜モスク・福岡モスクなどのウェブサイトは代表的な例である)もある。そのようなウェブサイトでは、日本人向けにモスク見学の案内が掲示されているケースが多く、日本社会に対する発信を意図していることがうかがえる。[9]

そのほかの試みの例としては、福岡モスクが地域自治会との共同行事を企画して定期的に料理教室を開催したり、大塚モスクが地域の桜祭りや阿波おどりにカレーの屋台を出して参加するなどしている。また各地のモスクで実施されている事例としては、一般の日本人向けのイベントや語学教室・イスラーム講習会・モスク見学会、さらに性別あるいは年齢層別アプローチを意図した料理教室や食のフェスティバルなどがある。現在のところ、ムスリム側からの働きかけがきわだっているが、「ありのままの自分たち」を伝えたいという意識の発露であると同時に、もともと「モスクは地域住民とともにある」というイスラームの教えの実践でもある。

福岡モスクは、その設立目的の一つに、地域社会との交流を掲げており、モスクが存続していくためには地域住民との関係構築は不可欠と考えている。地域社

▶大塚モスクのカレー屋台
東京大塚阿波おどりに際し，大塚モスクはチキン・カレーなどの屋台を出した。

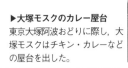

会向けの活動に加えて、近隣住民には、断食明けの祭りのときにお菓子を配るという。これは断食月の期間中の日没後におこなわれる毎日の「断食明けの食事」や礼拝時などに、人の出入りが頻繁であることから、日本的にいえば「ご迷惑をおかけした」近隣へのお詫びの意味を込めているとのことである。すぐに効果が出るわけではないが、ヴァーチャルな情報発信に加えて、生身の交流に結びつく地域での活動の継続がこれからも必要であろう。

一方、働きかけられている地域社会の側から積極的にムスリム・コミュニティを取り込んでいこうという動きは緩慢である。仙台モスクや金沢モスクのように、モスクが地域自治会のメンバーになっているところもあるが、だからといって活発な交流があるわけではない。[10] しかしこのような弱い紐帯《ちゅうたい》であっても、それをきっかけにして両者の関係が活性化する可能性はある。また地方自治体が「多文化共生政策」などの枠組みでおこなっている事業――例えばパキスタン人ムスリムが多い富山県では、富山市民国際交流協会の語学クラスや「とやま国際センター」の多文化理解教室、福岡市では多文化共生懇話会――といった地道な活動が各地で実施されている。こうした活動が地域住民に与えるインパクトは決して大きいとはいえないが、他方で、このような日本社会が率先して仕掛けている活動への滞日ムスリムからの積極的参加が少ないのではないかという指摘もある。双方の思惑

9 第2章の「日本のモスク一覧」にウェブサイトを有するモスクを示した。注8の「イスラムのホームページ」および「日本国内モスク・イスラーム関連施設一覧」吉原和男編者代表・蘭信三他編『人の移動事典』(丸善出版，2013年，465～467頁)には，URL情報があるが，サイトが移転している場合もあるようである。

10 金沢モスクでは，地元町会と覚え書き(Agreement with Neighbors)を交わしている。詳細は，右記ページ参照。http://ims-japan.webs.com/kanazawamasjid.htm#920677691 (2014年8月21日参照)。

が少しずれているということならば、ともに働きかけを続けつつ双方の接触や交流のあり方を修正していくことが必要であろう。しかし、架橋への努力は、現在、ムスリム側に偏っており、行政を含め地域社会の側からの働きかけはまれである。日本社会で存在感を増しつつある滞日ムスリム・コミュニティとどう向き合うのかを真剣に考えるべき時期が近づいている。

東日本大震災

モスクによる日常的な地域社会との関係構築の自発的努力に加えて、偶発的できごとがきっかけとなって両者の関係構築が進んだ事例として、東日本大震災直後の被災者支援活動がある。[11] 二〇一一年三月十一日の震災直後から滞日ムスリムたちは被災地へ出向き、物資の支援や炊き出し、募金活動などをおこなっている。これらの活動は日本社会の一員としてあたりまえの活動であり、当然のことながら、イスラームやムスリムに対するネガティブなイメージの解消を意図した活動ではなかった。東京の大塚モスクは、震災直後から独自に活動を開始し、その後は被災地にある仙台モスクやいわきモスクと協働して、物資の輸送や炊き出しなどをおこなった。被災者支援活動は、その後も継続的に実施されている。[12] 被災地にやってきたムスリムの支援者を前に被災者の方々が涙したということもあっ

[11] 2012年開催の第4回全国マスジド(モスク)代表者会議では，支援活動の実際と課題を議論した。小島宏・店田廣文編『第4回全国マスジド(モスク)代表者会議「東日本大震災と被災者支援活動」2012年2月12日』早稲田大学アジア・ムスリム研究所，2013年。

[12] 本シリーズ第21巻『ムスリムNGO』(子島進，2014年)に詳細な報告がある。

た。イスラームの教えにある「人を助けるということ」をおこなったという説明がムスリム自身によってなされることもあるが、普遍的な、困っている人を助けるというごく「普通の」、あたりまえのことを彼らがしたというべきであろう。その意味では支援活動の拠点がたまたまモスクであり、支援した人がたまたまムスリムであったというにすぎない。

被災者支援活動にはモスク周辺の地域住民や商店会なども一緒に参加した。普段の活動では、大塚モスクが開催する食事会に地域住民を招待しても誰も来てくれないということもあったが、支援活動に地域社会は協力を惜しまなかった。炊き出しでは、近隣の商店街、キリスト教会や寺院、地元の方々が一緒になって、おにぎりをつくった。行徳モスクでもそれまであまり交流のなかった地域住民がモスクのなかに入り、一緒におにぎりをつくったという。富山モスクなど、ほかのモスクからも支援物資が被災地に届けられている。

このような三・一一直後からの支援活動をへて、モスクとその地域社会のあいだには変化が生じたが、日本社会とムスリム・コミュニティのあいだにはなにか変化は生じたのだろうか。支援活動に参加したムスリムによれば、被災した日本人に感謝されたもののなにかこえられないものを感じたという。彼らが語る被災地の現場で垣間みえた日本人とムスリムとの関係は、現段階での両者の関係を象徴しているようにも思われる。両者の親密な関係構築までにはいたらなかったという印象が滞日ムスリム側にはあったようだ。しかし、回を重ねて支援活動を継続していけば、おそらく両者の関係にも変化が生じるであろう。なにがきっかけとなるかはわからないが、非日常的なケースであっても、それがきっかけとなって始まった直接的な接触・交流の機会を大切にし、継続することが必要である。大塚モスクの活動にみられるような長い時間をかけた支援活動が、いつかは実を結ぶからである。

ハラール認証と観光立国

二〇一二年に発表された日本の観光立国推進基本計画にともなう訪日ムスリム観光客の増加への期待から、近年、ショッピングモール・宿泊施設などでハラール食への対応がおこなわれていることがしきりに報じられるようになった。しかし、これまでは国内の滞日ムスリム人口の増加がハラール食品の需要を増大させる要因であった。現在では外国のハラール認証（各国のハラール認証機関などによる）マークのある輸入食品や食肉などはハラール・ショップやインターネットをつうじて入手可能である。また国内でのハラールの食肉や食品の製造もおこなわれ、ハラール食品の入手は容易になっている。国内におけるハラール認証は、国内市場向けのローカルな認証にすぎないものから、輸出も可能なインターナショ

▶ハラール・マーク　日本製のレトルト・カレー外箱に表示されている宗教法人・日本イスラーム文化センター（大塚モスク）のハラール・マーク。

ナルな認証まで多様である。そのハラール認証にモスクも関与しているが、従来、こうした活動の影響は、滞日ムスリム・コミュニティの範囲にほぼ限定されるものであった。

　しかし、日本の観光立国政策にともなうムスリム観光客の増加によって、観光業界ではハラール食提供に対する関心が高まっている。また、同時に日本の産業振興や輸出振興のために、ハラール認証を利用しようとする動きが活発になっていることも「一六億人のイスラム市場」などの見出しで頻繁に報道されている。滞日ムスリムだけのためのハラール認証から、日本社会における観光客へのハラール食の提供、さらには海外への輸出までも視野に入れたハラール産業育成に向けたハラール認証へと様相が変わりつつあるのである。国内では、新たに結成されたハラール関連団体や、大塚モスク・福岡モスク・ＩＣＯＪが、ハラール認証関連の活動をおこない、ＩＣＪや日本ムスリム協会も同様の活動を実施している。しかし、ハラール認証に対する考え方は決して一様ではなく、ハラール認証のカバーする食品の範囲や、ローカルな認証とインターナショナルな認証いずれを重視するのかなどさまざまな違いがある。例えば、福岡モスクでは、日本の食品の成分表示がかなり詳細なため、ムスリム個人によるハラールの確認は容易であることから、過剰なハラール認証については疑義を呈している。[13] クルアーンの明示するハラームなものは、豚肉と酒などかぎられたものだけである。ハラールの是非は、ムスリム個人がどのように判断するかに

[13] 福岡モスクによるイスラーム講座ハラール評議会セミナー「イスラムの食物基準について」(2014年5月8日)発表スライド資料。

かかっており、過剰なハラール認証など不要であるという考えもあるのである。

ハラール認証に関わる日本社会の最近の動向が、イスラームやムスリムに関するイメージを変容させる可能性もあるが、経済的側面を重視した活動だけでは、イスラームやムスリムに対する認識や理解が深まるわけではない。ハラール認証活動でモスクと連携することによって、日本社会のハラール食品に関する理解はたしかに深まるが、それだけにとどまらず、ハラール認証にたずさわる滞日ムスリムと非ムスリムの日本人が、こうした活動をつうじて相互理解を深め成果を社会に発信していけば、日本におけるイスラームとムスリムに対する認識や理解の改善に寄与するものとなるだろう。

「日本のイスラーム」理解にむけて

滞日ムスリム・コミュニティは、地域で、そして地域をこえた社会的活動をつうじて、地域社会と日本社会の一員としての立場をしだいに確立し、さらに活動領域を拡大することが考えられる。例えば、本シリーズの第二一巻『ムスリムＮＧＯ』で取り上げられているムスリムが運営するＮＧＯの活動と共通するような福祉活動に関わることも十分考えられる。これは近い将来に滞日ムスリム・コミュニティ自体が高齢化する成員を多くかかえるようになることにも起因する。またインドネシアとの経済連携協定を契機に看護師・介護福祉士候補者が「超高齢化社会」の日本に受け入れられ、ムスリムの福祉労働従事者が少ないながらも日本で働けるようになってきたことも誘因となる。二〇一〇年からの「アラブの春」以後に一時期政権を担当したエジプトのムスリム同胞団は、その設立初期から地域支部を組織して民衆に対する慈善活動や福祉医療活動などをつうじて、社会での支持を集めてきた。日本においてムスリムが設立する福祉系NPO法人(特定非営利活動法人)が、社会福祉活動をつうじて日本社会に受け入れられるようになってもおかしくはない。日本人の誰もが直面していく超高齢化社会という課題に、滞日ムスリム・コミュニティも向き合わざるをえないが、それを契機に福祉や医療分野で新たな活動を展開するモスクがあらわれてくることも考えられる。

日本には数多く、世界の多様な宗教を信仰する人々が生活しているが、日本社会とそれら多様な宗教の「コミュニティ」間に、交流は乏しいのが現実であろう。イスラームについても、大部分の日本人にとって「見知らぬ隣人の宗教」であるというのがいまだに現状である。[14] しかし、将来も日本人と滞日ムスリムの交流が続くことはあっても、なくなることはないのである。増えつつあるモスクやムスリムの多様な活動が身近にあるところでは、地域社会とムスリム・コミュニティはたがいの認識や理解を深めるための交流・接触を高進するような地道な努力が双方に求められる。ハラール産業への進出やムスリム観光客の

14 三木英「移民たちにとって宗教とは」三木英・櫻井義秀編著『日本に生きる移民たちの宗教生活——ニューカマーのもたらす宗教多元化』ミネルヴァ書房，2012年，22頁。

Column #03

ハラールと東京オリンピック

二〇二〇年の東京オリンピックには、世界中からムスリム・アスリートが参加し、大勢のムスリム観光客の訪日もみこまれることから、選手村だけでなく、町中のレストランでもハラール・メニューの提供がおこなわれるであろう。

五〇年前の一九六四年の東京オリンピックには、九四の国・地域が参加し、イスラーム圏からは、アラブ連合（現在のエジプト）・マレーシア・イラン・パキスタン・モロッコ・トルコなど一〇カ国以上が選手団を送り込んだ。当時の記録を見ると、レスリングではトルコやイラン、ホッケーではパキスタンがメダルを獲得している。

代々木の選手村には、大きな食堂が三つあり、そのうちの一つ「富士食堂」（日本・アジア・中東の選手向け）の料理長には、のちに帝国ホテル総料理長に就任する村上信夫氏がなった。彼の回顧録によれば、「宗教による食べ物の制限にも気を遣」い、「〔トルコ人〕タレントのロイ・ジェームスさんのお父さんが都内でイスラム教の偉い聖職者」であるという情報をえて、「〔ムスリムのために〕お祈りをしてもらい、証明書を書いていただいて、それを食堂に目立つように貼りつけた」とのことである（村上信夫『帝国ホテル厨房物語――私の履歴書』日本経済新聞社、二〇〇二年、一四八～一五一頁）。これが日本におけるハラール証明の走りであろう。

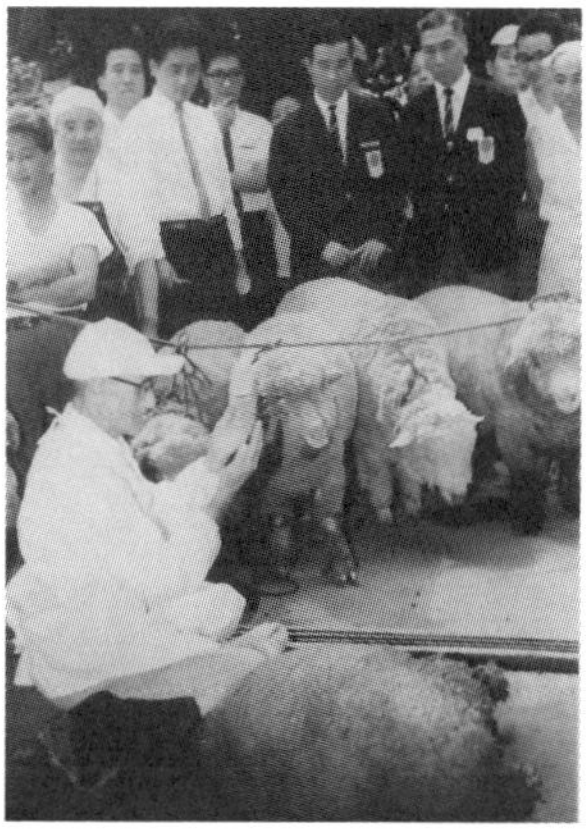
◀東京オリンピックの際のハラール処理のようす

現在は、マレーシアなどで販売されている紅茶やコーヒーにまでハラール認証マークがついている時代である。一九六四年の選手村で、どのようなハラール・メニューが提供されたのか明らかではないが、当時の滞日外国人ムスリムが羊肉のハラール処理にたずさわった写真も残っており、食材にハラール食肉が使用されたことは間違いない。ロイ・ジェームス（本名、アブドゥル・ハンナン・サファ）の父親は戦後、東京回教礼拝堂のイマームも務めていた人物である。彼は戦前に来日し、戦後もそのまま日本に残留したタタール人ムスリムの一人であり、日常的にハラール食肉の処理を滞日ムスリムのためにおこなっていたという（沼田彩誉子「東京のタタール移民関連写真資料――一九四〇年代から六〇年代まで」『アジア文化研究所研究年報（東洋大学）』四八号、二〇一四年、および同氏からの聞き取りによる）。

戦後日本の高度成長期を象徴する一大国家事業であった一九六四年の東京オリンピックに、滞日外国人ムスリムが貢献していたことを示す歴史のひとこまである。

受け入れだけでなく、日本国内のムスリム・コミュニティを日本社会の一員として受け入れることをめざして、日本の政治はその方針をしっかりと示すべきである。それは戦前の「回教政策」とはまったく異なる意義をもつ「イスラームとの共生政策」でなくてはならない。

日本社会におけるムスリムと日本人との本格的な交流の開始から一〇〇年以上が経過し、ごく少数の外国人ムスリムや改宗した日本人ムスリムが礎を築いた「日本のイスラーム」は一〇万人をこえる滞日ムスリム・コミュニティにまで成長した。国内各地にモスクが開設され、新たなモスク開設計画やイスラーム霊園建設計画も進んでいる。当面、滞日ムスリム人口の急増はないと考えられるが、ムスリムの日本社会における存在感は確実に高まりつつある。マイノリティであるムスリムたちが日本社会に根をおろしつつあるのは確かである。コミュニティの中心であるモスクを拠点として、ムスリムたちによるさまざまな社会的活動がおこなわれており、その具体的な様相は随時更新されて日々刻々と変化している。モスク運営と社会的活動の中核が滞日ボーン・ムスリムから日本で生まれ育った外国人ムスリムと日本人ムスリムにかわっていくプロセスもみられることであろう。本書が、現在と将来の「日本のイスラーム」を知ることに少しでも寄与できれば幸いである。

参考文献　＊の文献は、滞日ムスリム調査プロジェクト（http://imemgs.com）よりダウンロード可能。

アブデュルレシト・イブラヒム（小松香織・小松久男訳）『ジャポンヤ――イブラヒムの明治日本探訪記』（イスラーム原典叢書）岩波書店、二〇一三年

飯森嘉助編著『イスラームと日本人』（イスラーム信仰叢書六）国書刊行会、二〇一一年

池田千洋「日本におけるイスラーム教徒の墓地と埋葬――東京トルコ人協会と日本ムスリム協会の事例から」『民俗文化研究』六号、二〇〇五年

岡井宏文「イスラーム・ネットワークの誕生――モスクの設立とイスラーム活動」樋口直人・稲葉奈々子・丹野清人・福田友子・岡井宏文『国境を越える――滞日ムスリム移民の社会学』青弓社、二〇〇七年

岡井宏文「滞日ムスリムによる宗教的基盤の獲得と変容――モスク設立活動を中心に」『人間科学研究』二二巻一号、二〇〇九年

岡井宏文「滞日ムスリムと地域社会　地域社会における「国際化」「多文化共生」に関する試論」『パーキスターン』二三〇号、二〇一〇年

岡井宏文「日本のモスク変遷」『季刊アラブ』一三一号、二〇〇九年

岡井宏文・石川基樹「地域住民におけるムスリム・イスラームに対する意識・態度の規定要因――岐阜市調査の事例より」『イスラーム地域研究ジャーナル』三号、二〇一一年

奥島美夏編著『日本のインドネシア人社会――国際移動と共生の課題』明石書店、二〇〇九年

片倉もとこ・仙波友理「多民族共生社会としての日本を考える――在日ムスリムに対する日本政府、地方公共団体、民間の対

応」『総合政策研究』一〇巻、二〇〇三年
河田尚子編著『イスラームと女性』（イスラーム信仰叢書七）国書刊行会、二〇一一年
工藤正子『越境の人類学――在日パキスタン人ムスリム移民の妻たち』東京大学出版会、二〇〇八年
小島宏・店田廣文編『第四回全国マスジド（モスク）代表者会議「東日本大震災と被災者支援活動」二〇一二年二月十二日』早稲田大学アジア・ムスリム研究所、二〇一三年
小島宏・店田廣文編『第五回全国マスジド（モスク）代表者会議「日本のムスリム、食を語る」二〇一三年二月十日』早稲田大学アジア・ムスリム研究所、二〇一四年
駒井洋「日本のムスリム社会を歩く」片倉もとこ・梅村坦・清水芳見編『イスラーム世界』岩波書店、二〇〇四年
小松久男『イブラヒム、日本への旅――ロシア・オスマン帝国・日本』（世界史の鏡・地域一〇）刀水書房、二〇〇八年
小村不二男『日本イスラーム史』日本イスラーム友好連盟、一九八八年
サウジアラビア王国大使館文化部編『日本に生きるイスラーム――過去・現在・未来』サウジアラビア王国大使館文化部、二〇一〇年
桜井啓子『日本のムスリム社会』ちくま新書、筑摩書房、二〇〇三年
佐々木良昭『ハラールマーケット最前線――急増する訪日イスラム教徒の受け入れ態勢と、ハラール認証制度の今を追う』実業之日本社、二〇一四年
貞好康志「礼拝の場を求めて――日本に住むムスリムのモスク設立運動」加藤剛編『もっと知ろう!! わたしたちの隣人――ニューカマー外国人と日本社会』世界思想社、二〇一〇年

シディキ、M・A・R「モスクの現状と展望」駒井洋編著『多文化社会への道』明石書店、二〇〇三年
杉本均「イスラーム教徒における社会文化空間と教育問題」宮島喬・加納弘勝編『国際社会2　変容する日本社会と文化』東京大学出版会、二〇〇二年
竹下修子『国際結婚の諸相』学文社、二〇〇四年
田澤拓也『ムスリム・ニッポン』小学館、一九九八年
店田廣文「滞日ムスリムと日本のモスク調査――日本におけるイスラーム教徒と礼拝施設の研究」『歴史と地理』六二一号、二〇〇九年
店田廣文「日本におけるムスリムの子ども教育に関する調査」『人間科学研究』二三巻二号、二〇一〇年
店田廣文「世界と日本のムスリム人口　二〇一一年」『人間科学研究』二六巻一号、二〇一三年
店田廣文「日本に増え続けるモスク　高まるイスラム教の存在感」『エコノミスト』九一巻四二号、二〇一三年
店田廣文編『全国モスク代表者会議』早稲田大学人間科学学術院アジア社会論研究室、二〇〇九年＊
店田廣文・岡井宏文編『日本のモスク調査一』早稲田大学人間科学学術院アジア社会論研究室、二〇〇八年＊
店田廣文・岡井宏文編『日本のモスク調査二』早稲田大学人間科学学術院アジア社会論研究室、二〇〇九年＊
店田廣文・岡井宏文編『滞日ムスリムの子ども教育に関する調査報告書』早稲田大学人間科学学術院アジア社会論研究室、二〇一〇年＊
店田廣文・岡井宏文編『全国モスク代表者会議二』早稲田大学人間科学学術院アジア社会論研究室、二〇一〇年＊
店田廣文・岡井宏文編『全国モスク代表者会議三』早稲田大学人間科学学術院アジア社会論研究室、二〇一一年＊

店田廣文・岡井宏文編『外国人に関する意識調査・岐阜市報告書』早稲田大学人間科学学術院アジア社会論研究室、二〇一一年＊
店田廣文・石川基樹・岡井宏文編『外国人に関する意識調査・射水市報告書』早稲田大学人間科学学術院アジア社会論研究室、二〇一二年＊
店田廣文・石川基樹・岡井宏文編『外国人住民との共生に関する意識調査・福岡市報告書』早稲田大学人間科学学術院アジア社会論研究室、二〇一三年＊
寺田貴美代『共生社会とマイノリティへの支援――日本人ムスリマの社会的対応から』東信堂、二〇〇三年
日本ムスリム協会『創立五〇周年記念　協会小史』宗教法人日本ムスリム協会、二〇〇四年
沼尻正之・三木英「ムスリムと出会う日本社会」三木英・櫻井義秀編『日本に生きる移民たちの宗教生活――ニューカマーのもたらす宗教多元化』（MINERVA社会学叢書三八）ミネルヴァ書房、二〇一二年
羽田正『モスクが語るイスラム史――建築と政治権力』中公新書、中央公論新社、一九九四年
樋口直人編『日本のエスニック・ビジネス』世界思想社、二〇一二年
樋口直人・丹野清人「食文化の越境とハラール食品産業の形成――在日ムスリム移民を事例として」『徳島大学社会科学研究』一三号、二〇〇〇年
樋口直人・稲葉奈々子・丹野清人・福田友子・岡井宏文『国境を越える――滞日ムスリム移民の社会学』青弓社、二〇〇七年
樋口美作『日本人ムスリムとして生きる』佼成出版社、二〇〇七年
樋口美作「日本のイスラーム、戦後の歩み」サウジアラビア王国大使館文化部編『日本に生きるイスラーム――過去・現在・未来』サウジアラビア王国大使館文化部、二〇一〇年

樋口裕二「埋葬状況からみた在日ムスリムコミュニティ」『常民文化』二八号、二〇〇五年
福田友子『トランスナショナルなパキスタン人移民の社会的世界――移住労働者から移民企業家へ』福村出版、二〇一二年
福田義昭「神戸モスク建立――昭和戦前期の在神ムスリムによる日本初のモスク建立事業」『アジア文化研究所研究年報』四五号、二〇一〇年
松枝到「日本におけるイスラーム教徒の歴史と現在――マイノリティを考察する視点から」岩間暁子、ユ・ヒョヂョン編『マイノリティとは何か――概念と政策の比較社会学』（ＭＩＮＥＲＶＡ人文・社会科学叢書一二四）ミネルヴァ書房、二〇〇七年
松長昭『在日タタール人――歴史に翻弄されたイスラーム教徒たち』（ユーラシア・ブックレット一三四）東洋書店、二〇〇九年
水谷周『イスラーム建築の心――マスジド』（イスラーム信仰叢書五）国書刊行会、二〇一〇年
溝部明男『イスラム教徒留学生のお祈りと飲食生活に関する調査報告書』新潟大学教養部社会学研究室、一九九〇年
吉田達矢「戦前期の名古屋におけるタタール人の諸相――人口推移と就業状況を中心に」『名古屋学院大学論集　言語・文化篇』二四巻二号、二〇一三年
吉田達矢「戦前期の名古屋におけるタタール人の諸相（二）名古屋回教徒団とイデル・ウラル・トルコ・タタール文化協会名古屋支部の活動を中心に」『名古屋学院大学論集　人文・自然科学篇』五〇巻一号、二〇一三年
早稲田大学人間科学学術院アジア社会論研究室『在日ムスリム調査　関東大都市圏調査第一次報告書』早稲田大学人間科学学術院アジア社会論研究室、二〇〇六年＊

Al-Hamarneh, A. & J. Thielmann, *Islam and Muslims in Germany,* Brill, 2008.

Alexei, S. & J. S. Nielsen, *Muslim Networks and Transnational Communities in and across Europe,* Brill, 2003.

Gerholm, T. & Lithman, Y. G. eds., *The New Islamic Presence in Western Europe,* Mansell, 1988.

Helbling, M. ed., *Islamophobia in the West : Measuring and explaining individual attitudes,* Routledge, 2012.

Malik, M. ed., *Anti-Muslim Prejudice : Past and Present,* Routledge, 2010.

Marechal, B. et. al., *Muslims in the Enlarged Europe–Religion and Society,* Brill, 2003.

Masud, M. K., *Travellers in Faith–Studies of the Tablighi Jama'at as a Transnational Islamic Movement for Faith Renewal,* Brill, 2000.

Nielsen, J., *Muslims in Western Europe,* third ed., Edinburgh University Press, 2004.

Nielsen, J. S. ed., *Yearbook of Muslims in Europe,* v.1 〜 5, Brill, 2009 〜 2013.

Sakurai, K., "Muslims in Contemporary Japan", *Asia Policy,* 5, 2008, pp.69-87.

Smith, J. I., *Islam in America,* second ed., Columbia University Press, 2010.

Wheatley, P., *The Places Where Men Pray Together : Cities in Islamic Lands Seventh through the Tenth Centuries,* The University of Chicago Press, 2001.

謝辞
本書は、以下の一連の科学研究費基盤研究補助金（研究代表者：店田廣文）による調査研究の成果を含むものである。記して感謝の意を表する。

課題番号17530394「関東大都市圏における在日ムスリムの社会的ネットワークと適応に関する調査研究」
課題番号19530476「在日ムスリムの社会経済的活動と宗教的ネットワークに関する調査研究」
課題番号21530567「滞日ムスリムの生活世界における多文化政策の影響と評価」
課題番号24530669「滞日ムスリムに関する住民意識の三地域比較調査研究と多文化政策再考」

図版出典一覧

著者提供	カバー裏, *27*左, *31*左下, *47*, *55*, *59*右, *59*左, *90*, *94*
岡井宏文提供	*31*左中, *33*右, *44*左, *57*上, *57*下
大日本回教協会関係写真資料（早稲田大学図書館蔵）	*25*左下
前野直樹提供	*51*, *63*
ラマザン・サファ提供	*99*
早稲田大学人間科学学術院アジア社会論研究室提供	カバー表, *27*右, *31*左上, *31*右上, *31*右下, *33*左, *44*右上, *44*右下
The Nagoya Muslim Mosque: A Souvenir Booklet issued in commemoration of the Opening Ceremony of The Nagoya Muslim Mosque, 1937	*25*右下
『The Kobe Muslim Mosque Report 1935-6 神戸モスリムモスク報告書』, 1936	*25*上

店田 廣文（たなだ　ひろふみ）

1949年生まれ。

東京外国語大学外国語学部アラビア語学科卒業。

早稲田大学文学研究科社会学専攻博士課程単位取得満期退学。博士（人間科学）。

専攻，社会学・アジア社会論・エジプト地域研究。

早稲田大学名誉教授。

主要著書・論文：『エジプトの都市社会』（早稲田大学出版部 1999），『アジアの少子高齢化と社会・経済発展』（編著，早稲田大学出版部 2005），「戦中期日本における回教研究——『大日本回教協会寄託資料』の分析を中心に」（『社会学年誌』47号，2006），「国土・人口・人口変動」（山田俊一編『エジプトの政治経済改革』アジア経済研究所 2008），「フィールド調査とアジア社会論の課題」（村井吉敬編『アジア学のすすめ第2巻　アジア・社会文化論』弘文堂 2010），「世界と日本のムスリム人口2018年」（『人間科学研究』32-2，2019）

イスラームを知る14
日本《にっぽん》のモスク　滞日《たいにち》ムスリムの社会的活動《しゃかいてきかつどう》

2015年３月25日　1版1刷発行
2020年９月５日　1版3刷発行

著者：店田廣文《たなだひろふみ》

監修：NIHU（人間文化研究機構）プログラム
イスラーム地域研究

発行者：野澤伸平

発行所：株式会社 山川出版社

〒101-0047　東京都千代田区内神田１-13-13
電話　03-3293-8131（営業）8134（編集）
https://www.yamakawa.co.jp/
振替 00120-9-43993

印刷所：株式会社 プロスト

製本所：株式会社 ブロケード

装幀者：菊地信義

 ISBN978-4-634-47474-1